Schwalm-Theiss & Gressenbauer

ARCHIV-EXEMPLAR
BÖHLAU WIEN

Für die Unterstützung dieser Publikation danken wir:

ILBAU

PHILIPP HOLZMANN
Österreich GmbH
ZN Wien

CREDITANSTALT
Die Bank zum Erfolg

Liesbeth Waechter-Böhm (Hg.)

Schwalm-Theiss & Gressenbauer
Die Tradition eines Wiener Architekturbüros

bőhlauWien

Impressum

Die Deutsche Bibliothek - CIP-Einheitsaufnahme
Georg Schwalm-Theiss & Horst Gressenbauer : Die Tradition
eines Wiener Architekturbüros / Liesbeth Waechter-Böhm (Hg.).-
Wien ; Köln ; Weimar : Böhlau, 1999
ISBN 3-205-99127-3
NE: Waechter-Böhm, Liesbeth [Hg.]; GT

Das Werk ist urheberrechtlich geschützt. Die dadurch begründeten Rechte,
insbesondere die der Übersetzung, des Nachdruckes, der Entnahme von Abbildungen,
der Funksendung, der Wiedergabe auf photomechanischem oder ähnlichem Wege
und der Speicherung in Datenverarbeitungsanlagen, bleiben, auch bei nur auszugs-
weiser Verwertung, vorbehalten.

© 1999 In Kommission: Böhlau Verlag Ges.m.b.H. und Co.KG., Wien · Köln · Weimar

Grafik A&H Haller
Gedruckt auf umweltfreundlichem, chlor- und säurefreiem Papier
Reproduktion und Offsetdruck Grasl Druck und Neue Medien, A-2540 Bad Vöslau

Inhalt

7 Vorwort

9 **Wohnbau ist komplex**
Zur Arbeit von Schwalm-Theiss & Gressenbauer
von Liesbeth Waechter-Böhm

16 **Studentenheim Tigergasse**
18 **Wohnen für Alleinerziehende Schadekgasse**
20 **„Selbstbau und Mitbestimmung"**
22 **Wohnhäuser am Museumsquartier**
26 **Schule Albertgasse**
28 **Flüchtlingsheim Zinnergasse**
34 **Wohnhausanlage Strohblumengasse**
38 **Wohnhausanlage Leberberg**
42 **Wohnhausanlage Genoch Süd**
48 **Wohnhausanlage Ocwirkgasse**
54 **Kindertagesheim Süßenbrunner Straße**
58 **Wohnhausanlage Süßenbrunner Straße**
64 **Wohnhausanlage Speichberg**
66 **Revitalisierung „Zur Ungarischen Krone"**
68 **Schule Wenzgasse**
72 **Kindertagesheim Mühlgrundweg**
74 **Wohnhausanlage Mühlgrundweg**
78 **Siedlung Othellogasse**
84 **Reihenhausanlage Silenegasse**
88 **Reihenhausanlage Csokorgasse**
92 **Wohnhaus Hettenkofergasse**
94 **Wohnhausanlage „Käthe Leichter Hof"**

97 **Die Architekten Theiss & Jaksch 1907–1961**
von Georg Schwalm-Theiss

107 **Rückblick auf die ersten 75 Jahre**

118 Biographien
119 MitarbeiterInnen, Abbildungsnachweis

Den neunzigsten Geburtstag unseres Büros, des ältesten Architekturbüros in Wien, nehmen wir als Anlaß für Dokumentation und Rückblick.

Auch wenn man nur mit Einschränkungen von direkter Nachfolge sprechen kann, sind der lange Bestand und die Kontinuität nicht zufällig. In unserem Büro wurde mit wechselndem Erfolg neunzig Jahre an Architektur für Wien und Österreich gearbeitet. Mit unseren Vorgängern verbinden uns nicht nur Verwandtschaft (Siegfried Theiss war mein Großvater), das Archiv und die Büroräumlichkeiten. Es verbindet uns auch die Einstellung zu unserer Arbeit, die Ernsthaftigkeit und das Bemühen um Qualität.

Und es gab schleifende personelle Übergänge. 1907 wurde das Büro von Siegfried Theiss und Hans Jaksch gegründet. Bereits in den ersten Jahren führten sie eine Reihe großer Bauvorhaben durch und zählten in der Zwischenkriegszeit zu den bedeutendsten Architekten Wiens. Die bekanntesten Werke sind das erste Wiener Hochhaus in der Herrengasse, die Reichsbrücke, einige Wiener Gemeindebauten und die Knappensiedlung in Hüttenberg, Kärnten. Werner Theiss, der Sohn von Siegfried, war Partner von 1938 bis zu seinem Tod im Jahr 1945. 1954 trat Walter Jaksch, der Sohn von Hans, in das Büro ein. 1961 zogen sich Siegfried Theiss und Hans Jaksch zurück. Walter Jaksch plante unter anderem das Hotel Intercontinental in Wien und die Adaptierung der Neuen Hofburg für die Österreichische Nationalbibliothek. 1972 gründete er eine Arbeitsgemeinschaft mit Theophil Melicher und Horst Gressenbauer, der ich 1976 beitrat. Walter Jaksch trat 1982 in den Ruhestand. Theophil Melicher, der sich in den letzten Jahren von unserer Arbeit distanziert hatte, verließ das Büro 1995 und will in diesem Zusammenhang nicht genannt werden.

Es ist reizvoll, mit dem vorliegenden Katalog die eigenen Arbeiten der vergangenen fünfzehn Jahre vorzustellen und gleichzeitig, mit einem Rückblick auf das Lebenswerk von Theiss & Jaksch und auf die Highlights der Vergangenheit, unsere „Firmengeschichte" nachzuzeichnen.

Georg Schwalm-Theiss

Wohnbau ist komplex
Von Liesbeth Waechter-Böhm

Würde man für dieses Jahrhundert das wichtigste architektonische Thema benennen wollen, es fielen einem ein: die höchsten Häuser, die weitest gespannten Brücken, die spektakulärsten Auskragungen. Auf den Wohnbau käme so schnell keiner, dabei haben sich gerade im Massenwohnungsbau die einschneidendsten Veränderungen vollzogen. Das wird am deutlichsten, wenn man sich ansieht, was vor siebzig Jahren auf diesem Gebiet als fortschrittlich, als ein Schritt vorwärts, in eine bessere Zukunft angesehen wurde: Was den Wohnungsstandard (nicht die städtebauliche Lösung) angeht, zählt heute ein Gutteil davon längst wieder zum Substandard, weil er weder von der Wohnfläche noch von der Ausstattung her unseren Vorstellungen genügt. Es ist schon so: An der qualitativen Verfaßtheit ihrer Wohnbauten läßt sich auch die soziale Verfaßtheit einer Gesellschaft ablesen, weil auf den Wohnbau all jene Ansprüche, Wünsche, Sehnsüchte, ja sogar Ideale projiziert werden, die aus den anderen Bereichen unserer Alltagspraxis ziemlich rigoros weggeblendet sind.

Das muß man sich vergegenwärtigen, wenn man sich der Arbeit des Büros Schwalm-Theiss & Gressenbauer gedanklich nähert. Und man muß sich in Erinnerung rufen, wie der (Wiener) Wohnbau heutzutage aussieht.

Denn auf die Qualität unserer Wohnbauten halten wir uns ja nach wie vor viel zugute. Immer noch berufen wir uns auf die Verdienste der „heroische Vergangenheit" des Roten Wien mit seinen beispielhaften Wohnanlagen, die einen - für die Bewohner finanziell leistbaren - Ausstattungskomfort angeboten haben, wie es ihn zuvor nie gegeben hat; die - darüber hinaus - ein städtebaulich bis heute gültiger Beitrag sind; und die, weil sie ideologisch überformt, weil sie der architektonische Ausdruck eines gemeinschaftlichen Lebensgefühls waren, in das sich viele Menschen teilten, nicht zuletzt mit den Mitteln der Architektur soziale Gemeinschaft gestiftet haben; die den gebauten Hintergrund für eine Art von kollektivem Leben bereitstellten, das einem realen Bedürfnis entsprach.

Der Schnitt der Kriegsjahre, der Nachkriegszeit brachte, verglichen mit diesen Leistungen, einen Einbruch weit hinter oder unter einen Anspruchslevel, den man schon für etabliert angesehen hatte. Und daran laborieren wir in mancher Hinsicht heute noch, wenn auch unter geänderten Vorzeichen.

Ich denke oft daran, wie ich mit Georg Schwalm-Theiss in Eßling gewesen bin, einem der großen Wiener Stadterweiterungsgebiete. Es liegt sehr weit draußen, man hat den Eindruck, die Stadt längst verlassen zu haben, denn es geht an Gärtnereien, fast schon an landwirtschaftlich genutzten Grünflächen vorbei. Und dann kommt plötzlich doch wieder ein alter Ortskern, eines jener ehemaligen Dörfer, die in anderen peripheren Gegenden von Wien längst mit der Stadt verwachsen sind. An diesen Ortskern ist neuerdings ein Stadterweiterungsgebiet angeschlossen, das tatsächlich bis zu den niederösterreichischen Feldern reicht. Wenn man hier herumgeht, dann wird einem die ganze Misere des heutigen Wohnbaus offenbar. Wohnanlagen an der äußersten Peripherie, schlecht angebunden an das öffentliche Verkehrsnetz, mit einer Dichte, die der Grünlage Hohn spricht, und dann noch – fragwürdige Architektur, die die Tugend des Ortes zur Not verkommen läßt.
O-Ton Georg Schwalm-Theiss: „Aber es hat alles annähernd das gleiche gekostet."
Man muß es sich immer wieder vorsagen, um es in seiner Tragweite zu begreifen: Es kosten alle Wohnbauten, die mit den Mitteln der Wiener Wohnbauförderung errichtet werden, annähernd das gleiche. Aber keine Frage, mit diesen Mitteln können sehr unterschiedliche Qualitätsangebote realisiert werden.
Lassen wir Eßling trotzdem beiseite, betrachten wir doch ein ganz anderes Beispiel, etwa die Reihenhausanlage in der Silenegasse (Wien-Kagran). Denn dort konnte das Büro Schwalm-Theiss & Gressenbauer einen ersten markanten Schritt in eine neue Richtung umsetzen. Dabei stehen diese Reihenhäuser eigentlich auf einem unmöglichen Grundstück: Es ist ungefähr 35 bis 40 Meter breit, dafür 400 Meter lang, allerdings ist es Nord-Süd-orientiert. Schwalm-Theiss & Gressenbauer haben dort etwas realisiert, das die potentiellen Qualitäten des Ortes in Szene setzt, das einfach Sinn macht. Die Bebauungsstruktur besteht dabei aus relativ schlichten Reihenhauszeilen, die allerdings einen großteils glasüberdachten Innenbereich umschließen, für den die Bezeichnung „Wohnstraße" sicher nicht zu hoch gegriffen ist. Und gegen Ende der langgestreckten Bebauung löst sich die geometrisch-strenge Struktur dann durch eine leichte, dynamische Schrägstellung der Baukörper fast spielerisch auf. Schon diese kleine gedankliche Asymmetrie zeigt, daß wir uns nicht auf dem Terrain des städtebaulichen Schematismus bewegen. Hier geht es um mehr. Hinzu kommt aber auch, daß die Architekten bei der Durcharbeitung der Anlage etwas berücksichtigt haben, das man vielleicht am zutreffendsten „soziale Akzeptanz" nennen könnte.
Schwalm-Theiss & Gressenbauer verfolgen in ihren Wohnbauten zweifellos architektonische, auch formale Zielsetzungen. Aber – und das ist wahrscheinlich eine der substantiellen Qualitäten des

Büros – sie tun das nicht um jeden Preis. Und vor allem: Sie vergessen offenbar nie, daß der geförderte Sozialwohnungsbau tatsächlich, also gewissermaßen wortwörtlich eine soziale Verpflichtung einzulösen hat. Das heißt: Die Schritte, die das Büro in Richtung auf die Erneuerung der Wohnbaupraxis realisiert, sind wohlabgewogen, sie sind vorsichtig gesetzt, sie stoßen selbst den (architektonisch) unbelasteten Bewohner nicht radikal vor den Kopf. Was diese Dinge angeht, hat das Büro offenbar ziemlich konkrete Vorstellungen davon, was es mit seiner Arbeit eigentlich erreichen möchte. Man könnte es vielleicht so sagen: Es möchte seine Adressaten erreichen, es möchte Wohnbau realisieren, der den Nutzern tatsächlich etwas bringt; es möchte aber auch die eigene architektonische Qualitätsschraube progressiv anziehen. Um sich diesem letzteren Ziel schrittweise anzunähern, haben Schwalm-Theiss & Gressenbauer eine geradezu meisterliche Perfektion in der hohen Schule des strategischen Entwerfens entwickelt. Das heißt aber auch, daß es ihnen zuallererst um inhaltliche Konzepte und um die (auch ökonomische) Umsetzung dieser Konzepte geht, und dann erst um das formale Detail, um die differenzierte Materialisierung.

Im Fall der Silenegasse läßt sich das beispielhaft zeigen: Die Häuser haben schlichte Putzfassaden, die durch rhythmisch wiederholte Farbakzente auf recht preisgünstige Weise individualisiert sind. Die glasüberdachte Wohnstraße ist gestalterisch praktisch nicht determiniert: Sie steht den Bewohnern gewissermaßen zur Selbstverwirklichung zur Verfügung. Auch auf Tiefgaragen haben die Architekten verzichtet, die Parkplätze sind teilweise unter Pergolen an zwei zentralen Punkten untergebracht. Das tut der Gesamtstruktur keinen Abbruch, und vor allem hat es gewaltige Kosten gespart, was wiederum den einzelnen Wohnhäusern zugute kommt. Die Leute wohnen hier also wirklich alles andere als schlecht, die Häuser entsprechen zweifellos einem relativ hohen Ausstattungsstandard. Sie sind voll unterkellert, sie haben große Terrassen, und im Wohnbereich selbst hat Schwalm-Theiss zwar jeden Quadratmeter ausgenützt, aber durch raffiniert komponierte zweigeschoßige Raumzonen für Großzügigkeit und einen Raumfluß gesorgt, der zum Wohlbefinden der Nutzer sicher entscheidend beiträgt.

Man kann im Fall der Silenegasse also buchstäblich darauf hinweisen, daß sozialer Wohnbau nicht zwangsläufig Vorwand für radikale baukünstlerische Pioniertaten zu sein braucht, um allerhöchsten Ansprüchen zu genügen; und man muß darauf hinweisen, daß er auf keinen Fall zum ambitionslosen Fließbandunternehmen verkommen darf, das ein Architekturbüro nebenbei abtut.

Das scheint eine ganz selbstverständliche Einsicht. Wenn man die Wiener Wohnbau-Wirklichkeit betrachtet, dann merkt man allerdings ganz schnell, daß die Architekturbüros, die sich der

Wohnbaufrage ernsthaft annehmen, äußerst dünn gesäht sind. Es gibt eine Art Polarisierung: Hier die ganz wenigen Architekten, die auch in die Massenware Wohnbau baukünstlerische Ambition investieren, dort die sehr vielen, die das Gros des Wohnbau-Aufkommens rein schematisch absolvieren. Zwischen diesen beiden Polen gibt es nicht viel: Dabei käme es gerade auf dieses „dazwischen" an. Und diese Lücke, die füllt das Büro Schwalm-Theiss & Gressenbauer – gemeinsam mit ganz wenigen anderen Wiener Architekten – mit äußerst qualifizierten inhaltlichen Konzepten und einer Architektursprache aus, die auf den tatsächlichen Stellenwert der Bauaufgabe Massenwohnungsbau eingeht.

Natürlich bin ich grundsätzlich der Meinung, daß man immer höchste Ansprüche an die Architektur eines Bauwerks richten muß, gleichgültig ob darin gewohnt, gearbeitet oder was immer wird. Und sicher möchte man auch im Wohnbau extreme architektonische Statements nicht missen. Sie bereichern die Szene, sie bewegen etwas. Aber wenn man sich als Architekt vornimmt, auf dem Wohnbausektor wirklich etwas zu leisten, einen Beitrag zu formulieren, der auch verallgemeinerbar ist, dann müssen die extremen baukünstlerischen Ansprüche zurückstehen. Denn gerade im Wohnbau kommt es auf – inhaltliche, formale – Konzepte an, die einen zunächst zwar anonymen, im Endeffekt aber individuellen Nutzer erreichen. Und: Diese Konzepte müssen sehr langfristig halten; weil bei uns – etwa im Unterschied zu den USA – Familien sehr lang, wenn nicht lebenslänglich in derselben Wohnung bleiben. Diese Wohnung muß daher die Veränderungen innerhalb der Familienstruktur aushalten – aus kleinen Kindern werden irgendwann halberwachsene Jugendliche, die dann später überhaupt ausziehen –, sie muß aber auch ein in vielfacher Hinsicht variierendes Anforderungsprofil aushalten, das aus generationsbedingten ebenso wie aus gesellschaftlichen Entwicklungen resultiert. Man kann sicher nicht davon ausgehen, daß alle Menschen immer und ewig so wohnen wollen, wie wir es uns heute vorzustellen glauben. Der Architekt muß also nicht nur mitbedenken, daß sich die Sprache seiner Architektur langfristig zu bewähren hat, er muß auch Räume zur Verfügung stellen, die zwar für bestimmte Nutzungen prädestiniert sind, darüber hinaus aber auch Nutzungsänderungen nicht unmöglich machen. Anders ausgedrückt: Wohnbau ist eine ungleich komplexere Angelegenheit als jeder Verwaltungs- oder Industriebau.

In dieser Publikation wird die Bandbreite der Statements, die das Büro Schwalm-Theiss & Gressenbauer zu diesem Thema realisieren konnte, sehr umfassend vorgeführt. Was die Lektüre der einzelnen Projekte einleuchtend zeigt, ist dabei: Wieviele unterschiedliche Rezepturen ein Architekt heute zu beherrschen und weiterzuentwickeln hat, wenn er auf breiter Basis im Wohnbau nicht nur reüssieren, sondern einen ernstzunehmenden inhaltlichen Beitrag leisten will. Die Bescheidenheit der „heroischen" Jahre kennen wir längst nicht mehr. Und die Alternativen sind heute nicht allein durch „äußere" Umstände determiniert. Sie lassen sich nicht auf den verdichteten Flachbau, die Großwohnanlage in Geschoßwohnungsbau und die städtische Baulücke reduzieren. Auch die Berücksichtigung „innerer" Umstände ist angesagt: ein hoher Anteil ehemaliger Ausländer-Familien, die oft kinderreich sind, dagegen immer weniger einheimische Kleinfamilien und immer mehr Single-Haushalte, und dazu noch die ganz neue Wohnform des daheim tätigen Telekommunkationsworkers.

Es gibt heute im Wohnbau aber auch noch ganz andere Schwierigkeiten. Im Zeitalter der ausgedehnten Gewerbezonen an der städtischen Peripherie, wo Einkaufszentren aller Art akkumulieren, trocknen die peripheren Wohnanlagen, die Stadterweiterungsgebiete infrastrukturell gefährlich aus. Niemand scheint mehr an die Existenzfähigkeit einer kleinmaßstäblichen Versorgungsstruktur zu glauben. Daher wird sie – meistens – auch nicht gebaut. Ganz davon abgesehen, daß die Genossenschaften den Aufwand der Verwertung solcher Räumlichkeiten nur allzu oft scheuen. Und doch ist allen bewußt, daß die Wohnqualität in den Stadtrandlagen vor allem an diesem Mangel krankt: Wo keine Geschäfte, wo keine Lokale, wo keine Anlässe für die Entwicklung von gemeinschaftlichem Leben vorhanden sind – und die braucht es aber, weil es die ideologisch begründete Kommune von einst, ja längst nicht mehr gibt –, da verkommt auch die beste Wohnanlage ganz leicht zur inhumanen, entfremdeten Schlafstadt.

Das ist eine der Komponenten, die man dem Büro Schwalm-Theiss & Gressenbauer gutschreiben muß: Es hat sich von Anfang an – und gegen viele Widerstände – dafür engagiert, daß die jeweiligen Bauträger über den einzelnen Wohnungsgrundriß hinausdenken. Das ist nicht immer glücklich verlaufen: In der Othellogasse zum Beispiel hat sich in der Lokalität des baulich vorgesehenen (und von den Installationen her entsprechend ausgestatteten) Cafés letztlich doch nur ein Büro eingemietet. Aber das ist nicht entscheidend. Entscheidend ist, daß sich die Architekten dafür ein- und schließlich durchgesetzt haben. Rückschläge solcher Art sind korrigierbar. Denn wichtig ist ausschließlich, daß das bauliche Faktum besteht. Das Faktum der konkreten Nutzung, das wird sich längerfristig bestimmt auch noch ändern. Denn – ganz kühn prophezeiht: Irgendwann wird jemand begreifen, daß eine Gegend mit hunderten Wohnungen und mit einer ganzen Reihe von Betrieben, die alle gastronomisch unterversorgt sind, nur ein guter Standort für ein Restaurant/Café sein kann.

Ich möchte der Architektur von Schwalm-Theiss & Gressenbauer am liebsten nicht so etwas wie eine Handschrift im herkömmlichen, oft banalen Sinn nachsagen. Ich denke vielmehr, was den höchst unterschiedlichen Bauten dieses Büros gemeinsam ist, das läßt sich nur unter dem Titel „Haltung" eingrenzen. Und diese Haltung drückt sich vielleicht am eindeutigsten im städtebaulichen Verhalten, in der Reaktion auf das jeweilige Umfeld aus. Denn im Gegensatz zu anderen ambitionierten Wiener Wohnbauprojekten, die als isolierte Implantate konzipiert worden sind, scheuen Schwalm-Theiss & Gressenbauer vor der Verantwortung gegenüber einer meist unwirtlichen Umgebung nicht zurück. Das heißt – und die kleinen Strukturpläne, die jeder dokumentierten Wohnanlage in dieser Publikation hinzugefügt sind, die machen das deutlich – städtebaulich und maßstäblich sind diese Wohnanlagen jeweils aus ihrem konkreten Kontext heraus entwickelt, sie nehmen das Gespräch mit der Umgebung auf. Und sie leisten etwas, das gerade an der Peripherie besonders notwendig ist: Sie fügen dieser Umgebung etwas hinzu, das nicht nur den Bewohnern der jeweiligen Anlage zugute kommt, sie werten das gesamte Umfeld auf.

Die einzelnen gebauten Häuser, die sind sehr verschieden: Einmal sind sie puristisch weiß, dann auch wieder ausgesprochen bunt; aber stets, das kann man als generelle Gemeinsamkeit wirklich hervorheben, ist die Erschließung ein spezifisches Thema. Die Möglichkeit, den einzig verbliebenen Ort der Begegnung in solchen Wohnanlagen immer wieder erfrischend neu und anders, auf einer nicht-banalen Ebene erlebnishaft zu formulieren, die läßt sich das Büro jedenfalls nicht entgehen. Da gibt es von der Freitreppe bis zum Laubengang, vom glasüberdachten Zugang bis zum inszenierten Stiegenhaus alles, was das architektonische Vokabular bereit hält. Und es gibt, auch das ein architektonisch oft leichtfertig vernachlässigtes soziales Potential, öffentliche und halböffentliche Bereiche, geschichtete Freiräume also, die auf so selbstverständliche Weise benutzbar sind, daß sie nachweisbar auch tatsächlich genutzt werden. Was man dabei gern übersieht: Wenn heutzutage Wohnanlagen solche Qualitäten bieten, dann ist das keine Beliebigkeit, die sich zufällig ergeben hat, sondern irgendwann, möglicherweise ganz am Anfang der Planung, hat jemand „finstere" Absichten in dieser Richtung gehabt und keine Anstrengung gescheut, um sie auch wirklich umzusetzen. Schwalm-Theiss & Gressenbauer nehmen die soziale Komponente solcher Wohnanlagen ganz offensichtlich ernst. Sie sehen eine Verpflichtung darin, den potentiellen Begegnungsort der heterogenen Nutzer-Gemeinschaft heutiger Wohnquartiere mit einem architektonischen „Hintergrund" zu versehen, der die mögliche Begegnung indirekt, unauffällig, unaufdringlich befördert. Die Arbeit des Büros Schwalm-Theiss & Gressenbauer zeigt, daß die Limits im Wohnbau rigoros,

daß die Spielräume für architektonische Kreativität unheimlich begrenzt sind. Als „Wohnbauer mit architektonischer Ambition" braucht man schon ein sehr feines Sensorium, um Lösungen durchzusetzen, die „frisch" sind, die sich nicht auf das schon bekannte, schlecht bewährte (das ja am liebsten in Großauflage wiederholt wird) berufen, sondern die geeignet sind, auf eine durchaus angenehme, erfreuliche, positiv besetzte Weise neue Möglichkeiten des Bauens anzuwenden, und zwar so, daß sie für die Bewohner verarbeitbar, annehmbar und sogar identitätsstiftend sind.
Als Architekt muß man zwar manchmal hinter der eigenen künstlerischen Ambition zurückstehen, wenn man als „Wohnbauer" reüssieren, wenn man seinen Adressaten, den Bewohner, tatsächlich erreichen will. Das hat das Büro Schwalm-Theiss & Gressenbauer aber gut bewältigt. Denn da gibt es auch anderes, Schulbauten zum Beispiel, wo sich schon von der Aufgabenstellung her architektonisch viel profilierter etwas zeigen läßt, einfach auch, weil dem öffentlichen Stellenwert solcher Bauten ein anderes Gewicht zukommt. Andererseits: Unter dem Strich bleibt bei jeder Arbeit von Schwalm-Theiss & Gressenbauer immer ein architektonischer Mehrwert übrig. Ob es nun die unglaublich spannend an die Feuermauern der Gründerzeitbebauung gerückten kleinen Wohnhäuser am Museumsquartier sind oder die „Mehrzweck"-Boxen in der Wohnanlage am Mühlgrundweg, ob es die „Veröffentlichung" eines Wohnraumes durch eine großflächige Verglasung oder auch die ungewöhnliche Organisation eines Grundrisses entlang eines von oben belichteten Erschließungsganges oder ob es überhaupt ein kleines, rundes Turmhaus ist – irgendwo sind alle diese Lösungen abseits des Schematismus kommerzieller Architekturbüros angesiedelt, irgendwo sind sie etwas Besonderes. Nur daß diese Besonderheit maßstäblich und sozial verträglich umgesetzt ist, daß sie unter den ökonomischen Bedingungen der Wohnbauförderung realisiert werden kann, und daß sie von den Bewohnern gern akzeptiert wird. Ich fürchte, das ist viel mehr, als man von der überwiegenden Mehrheit der Wiener Wohnbauten guten Gewissens sagen kann. Und ich fürchte, es ist zuviel, um daraus einen Qualitätsstandard abzuleiten, der verbindlich wäre. Aber gute Architektur ist wohl nie verallgemeinerbar.

Studentenheim Tigergasse

1996–2000
Wien 8, Tigergasse 23-27
Bauherr BUWOG
37 Wohneinheiten

Das Grundstück grenzt an die Schule Albertgasse (Seite 26), das neue Gebäude schließt das Ensemble.

Der sowohl von der Schule als auch außerschulisch genutzte Turnsaal wird abgesenkt. Hochliegende Fenster bilden einen gläsernen Sockel, darüber ist eine einfache Lochfassade.

In den Obergeschossen und im Terrassengeschoß sind Wohneinheiten verschiedener Größe und Typologie für Erasmus-Studenten der Universität Wien vorgesehen.

Als Antwort auf die relativ beengte Lage – das Grundstück grenzt an vier Feuermauern – werden vertikale, teilweise überdachte Freiräume geschaffen, in die Räumlichkeiten für gemeinsame Nutzung orientiert sind.

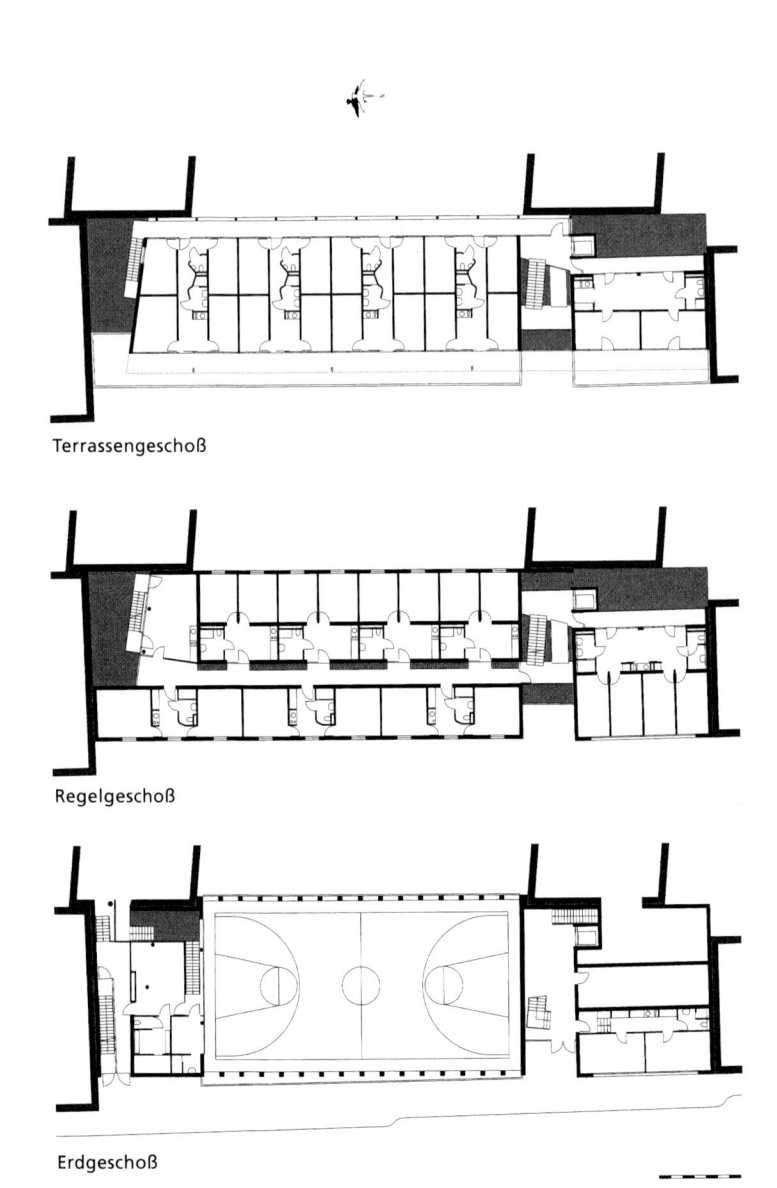

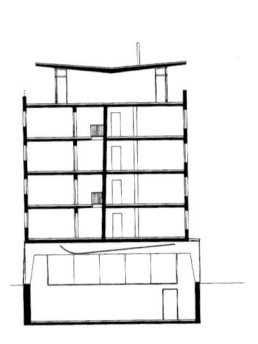

Terrassengeschoß

Regelgeschoß

Erdgeschoß

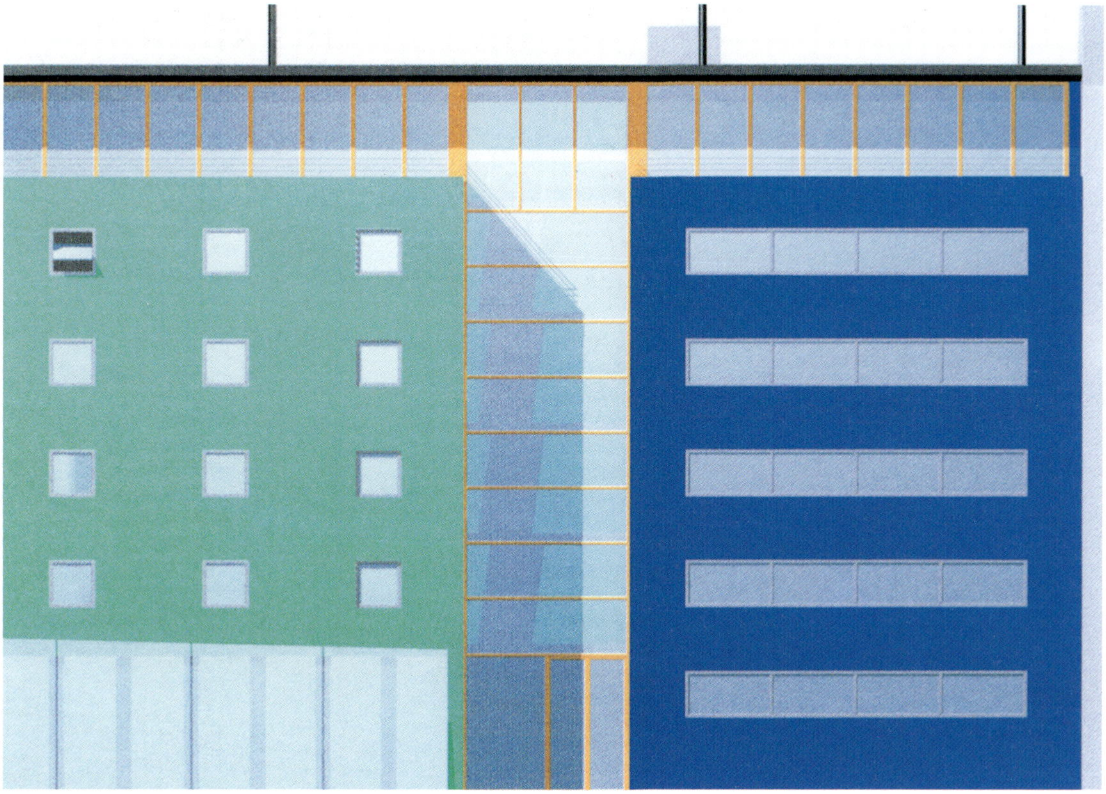

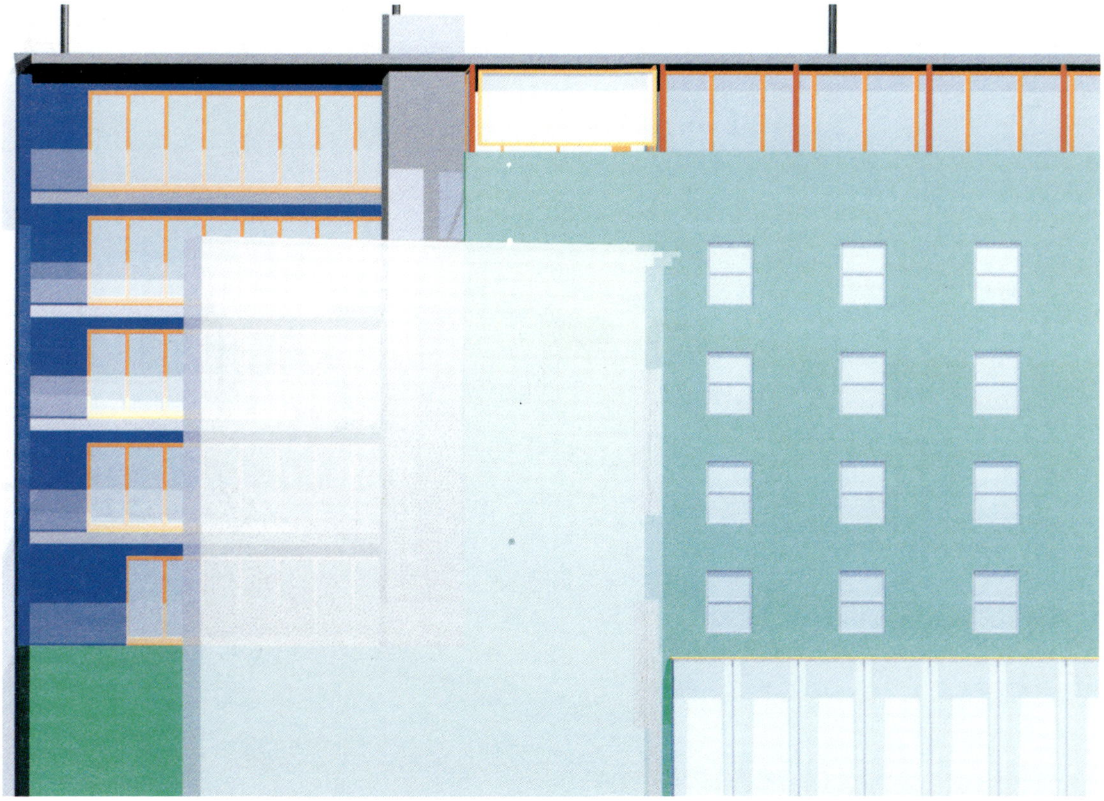

**Wohnen für Alleinerziehende
Schadekgasse**

1996–2000
Wien 6, Schadekgasse 10
Bauherr   Wohnbauvereinigung
             für Privatangestellte
13 Wohnungen

Das Grundstück, eine 14 m breite Baulücke, die sich unter annähernd 45 Grad nach Nordost in eine Tiefe von ca. 26 m entwickelt, wird von Feuermauern und kleinen Höfen der Nachbarhäuser begrenzt.
Im Süden, auf der gegenüberliegenden Straßenseite, ist der Esterházy-Park.

Diese beengte Lage, der merkwürdig schräge Grundstückszuschnitt und die stark unterschiedliche Gebäudehöhe der Nachbarn bestimmen den Entwurf.

Ein durchgehender vertikaler Verkehrsraum zerschneidet das Gebäude, gewährleistet die Sichtverbindung zum Park und zum Hof und erleichtert die Orientierung. Diese Zweiteilung gleicht auch die unterschiedlichen Anschlußhöhen aus.

An die Feuermauer wird ein flaches Hofhaus gestellt, die Hoffassade des Straßentraktes erhält ein sprechendes Gegenüber.

Im Erdgeschoß ist eine einladende Eingangshalle. Im hinteren Grundstücksbereich sind um ein ruhiges, begrüntes Atrium natürlich belichtete Gemeinschaftsbereiche, Sauna, Waschküche etc. angeordnet. Auch die Dachflächen sind für gemeinschaftliche Nutzung vorgesehen.

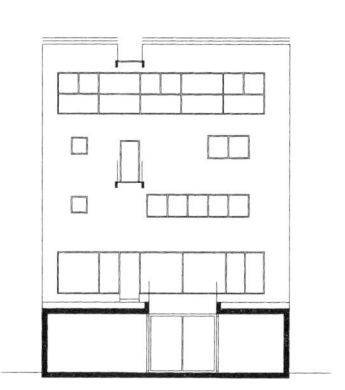

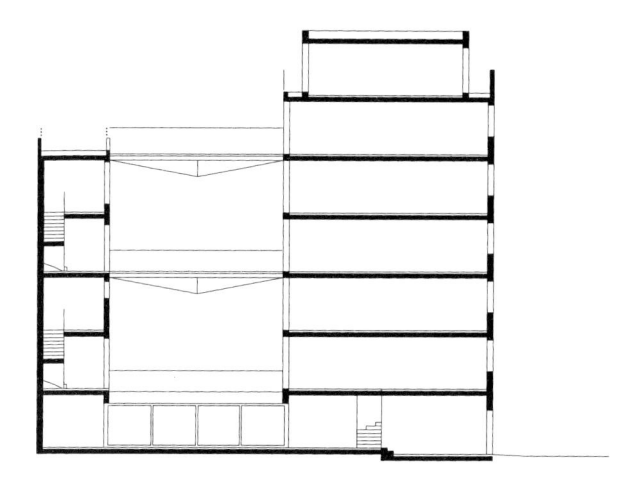

1 Beratung
2 Gemeinschafts- / Kinderraum
3 Atrium
4 Sauna
5 Waschküche
6 Einlagerungsräume
7 Müll
8 Kinderwagen

Erdgeschoß

Regelgeschoß

„Selbstbau und
Mitbestimmung"

1996 –1999
Wien 11, Paulasgasse
Bauherr Wohnbauvereinigung
für Privatangestellte
67 Wohnungen

Das Grundstück liegt in ruhiger Lage zwischen der Kaiserebersdorfer Straße und dem großen Stadterweiterungsgebiet Leberberg. Die Anlage der Wohnbauvereinigung für Privatangestellte wird gleichzeitig mit zwei benachbarten Anlagen im Rahmen eines von der Stadt Wien initiierten Selbstbau-Pilotprojektes realisiert.

Die schlanken, südorientierten, dreigeschossigen Baukörper maximieren die Möglichkeiten der Mitbestimmung. Die bauseits festgelegte Primärstruktur beschränkt sich auf Decken und Außenwände, die statisch erforderlichen Innenstützen sowie eine entsprechende Anzahl von Installationsschächten. Abhängig von der Gesamtlänge der einzelnen Baukörper kommt ein modulares System von 1,35 bis 1,50 m zur Anwendung, das eine freie Entscheidung über die Wohnungsgröße in Schritten von ca. 11 bis 13 m^2 erlaubt. Auf Grund des Aufschließungssystems und der einheitlichen Reihung von Öffnungen in der Außenwand ist die Wahl der Eingangssituation, von Fenstern oder Fenstertüren, vorgehängten Balkonen etc. möglich. Das Fehlen tragender Innenwände gewährleistet für das Lay-out der Wohnungen größte Flexibilität.

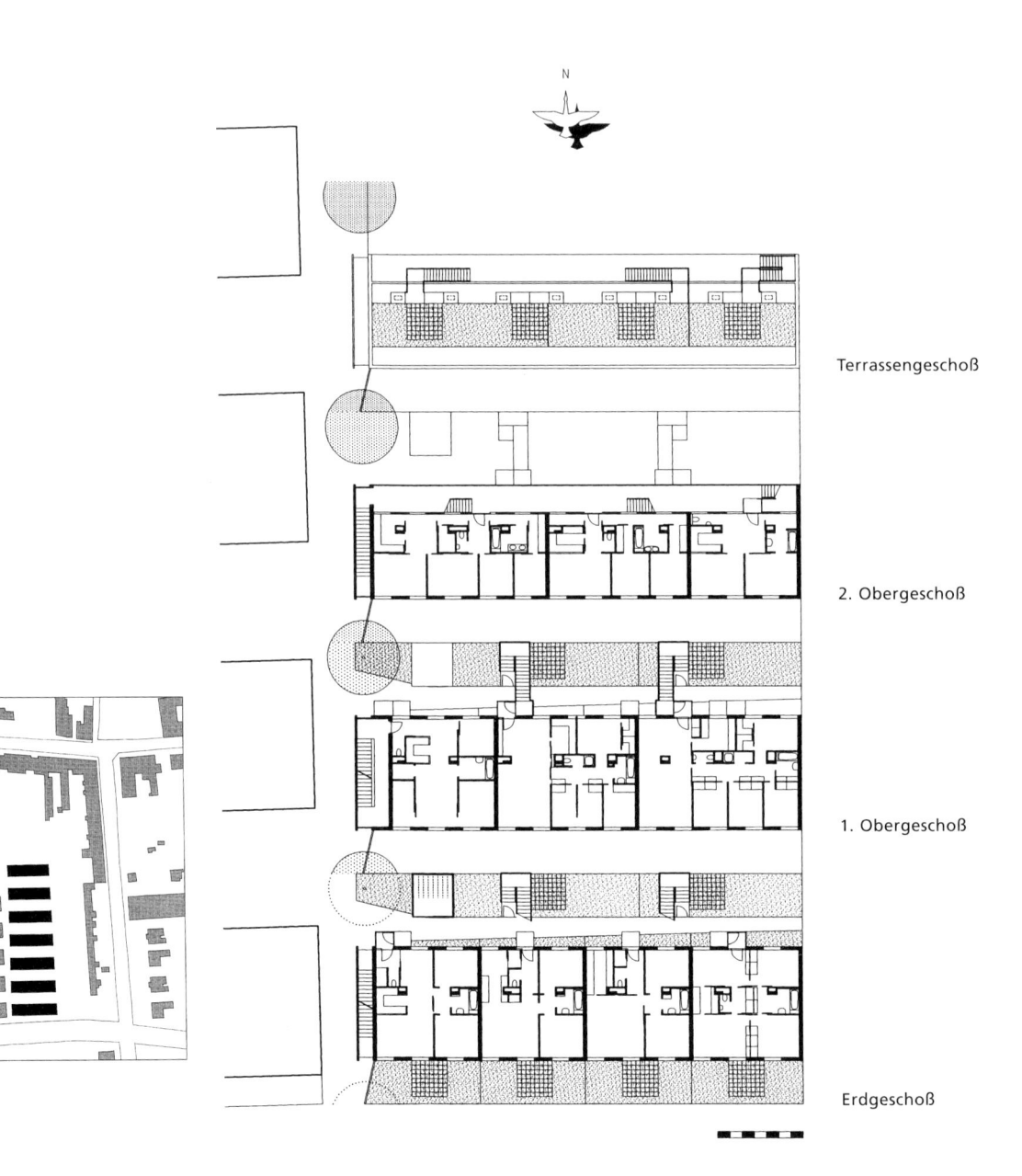

Terrassengeschoß

2. Obergeschoß

1. Obergeschoß

Erdgeschoß

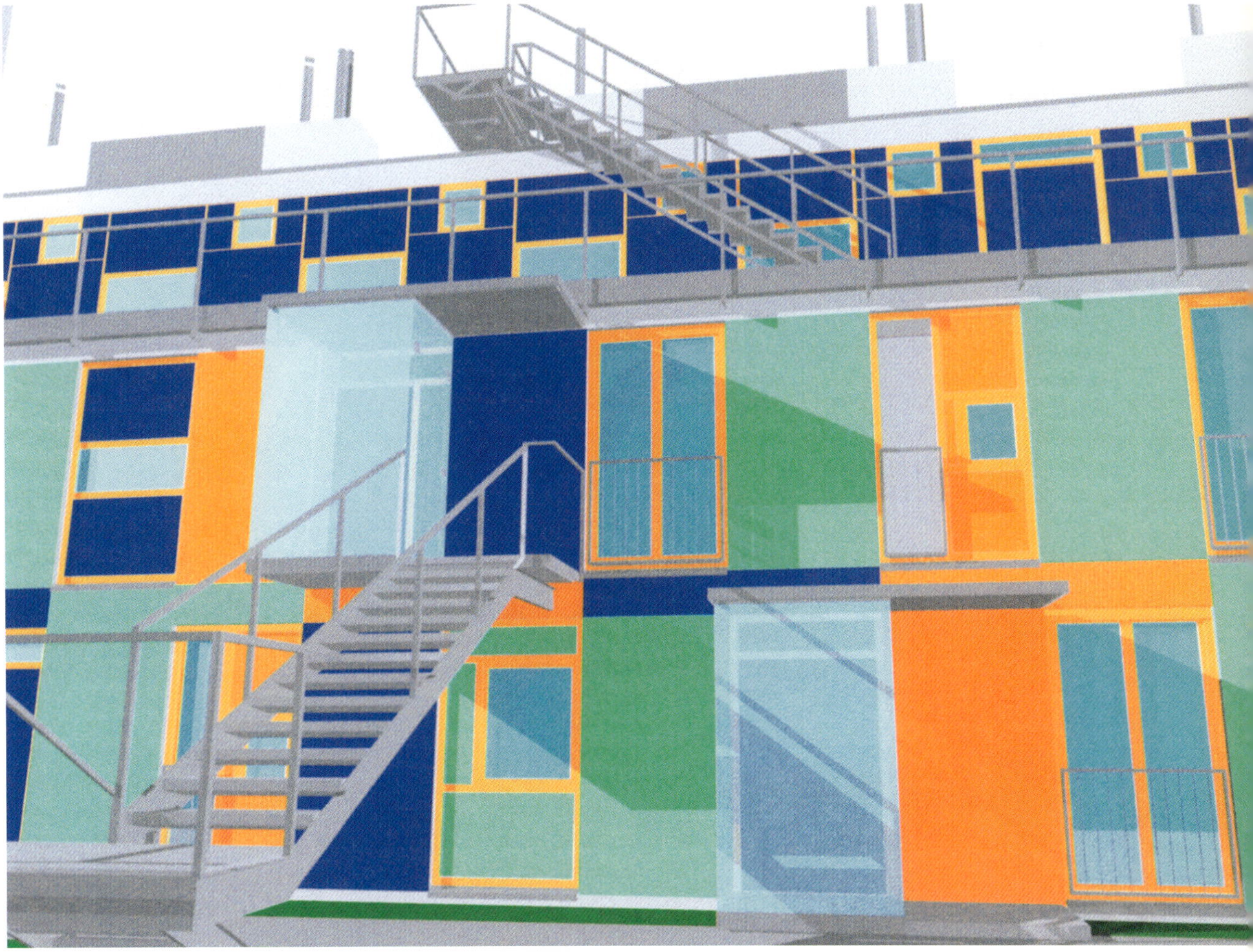

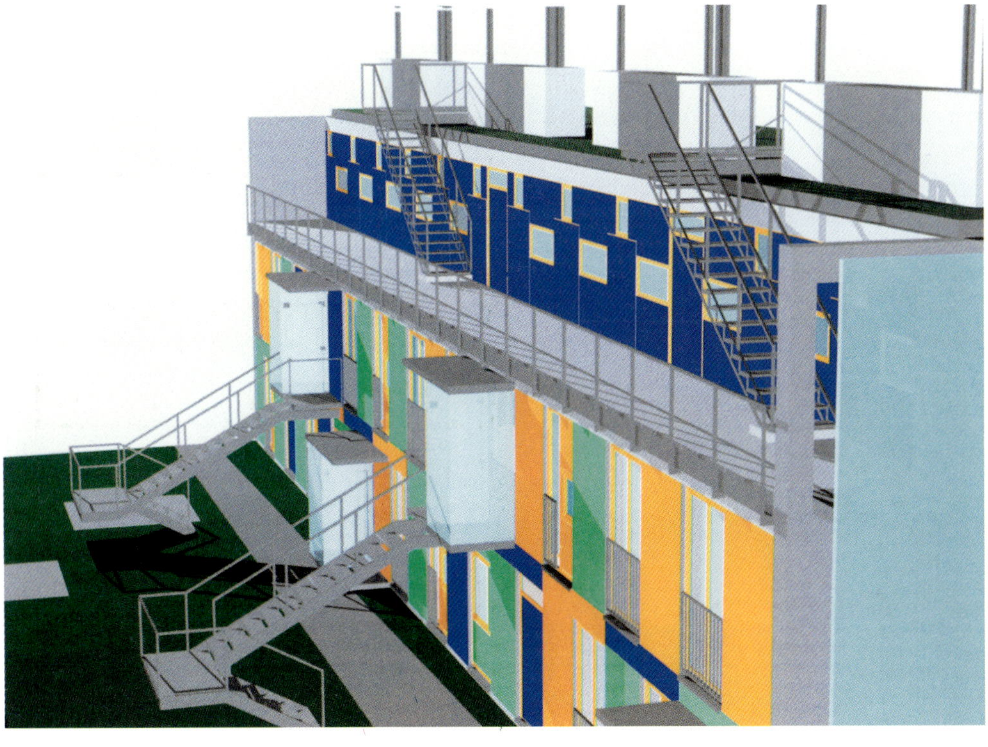

Wohnhäuser am Museumsquartier

1995–1998
Wien 7, Mariahilfer Straße 6
Bauherr Wohnbauvereinigung für Privatangestellte
9 Wohnungen

Der 90 m tiefe und nur ca. 8 m breite Garten des Hauses Mariahilfer Straße 6 liegt an einer Geländekante, ca. 6 m über dem Museumsquartier. Die bestehende Bebauungsstruktur des Hoftraktes und der Nachbargebäude waren der Ausgangspunkt für die Planung.

Drei fünfgeschossige, 5 m schmale Häuser wurden vor die hohen Feuermauern gestellt und nehmen diesen, von der Stadt aus gesehen, die Dominanz. Die Neubauten strukturieren den Garten, ohne ihn abzusperren, die Durchlässigkeit bleibt erhalten.

Die Versuchung, die Wohnungen zum phantastischen Panorama der Inneren Stadt hin zu öffnen, war groß. Die Ostfront blieb aber dann doch relativ geschlossen und beschränkt die Aussicht im Sinn des „geborgten Blickes" auf bildartige Ausschnitte.

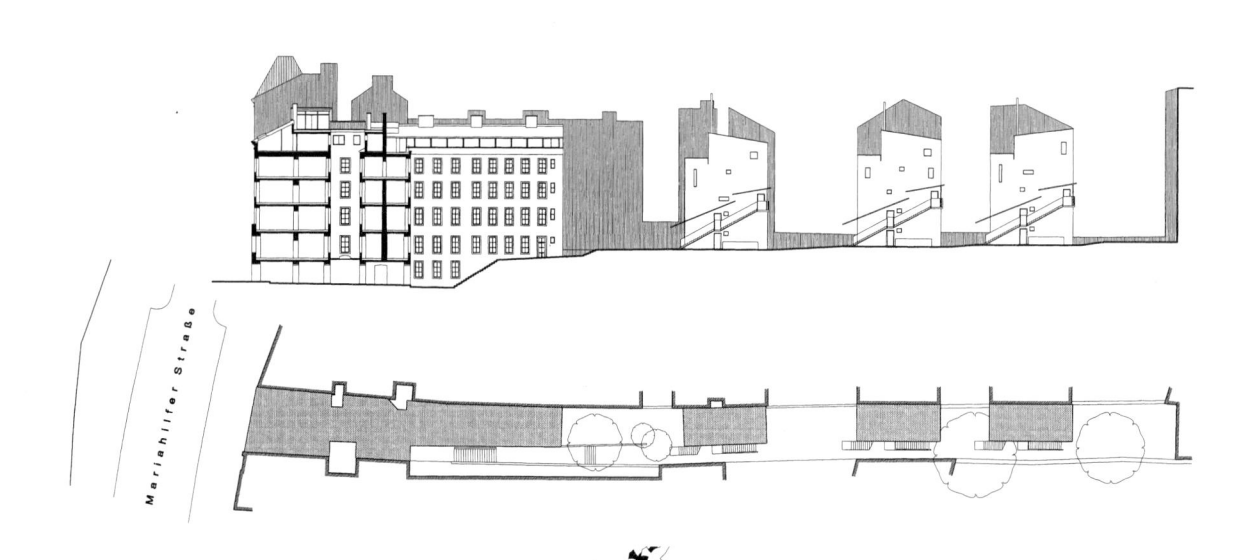

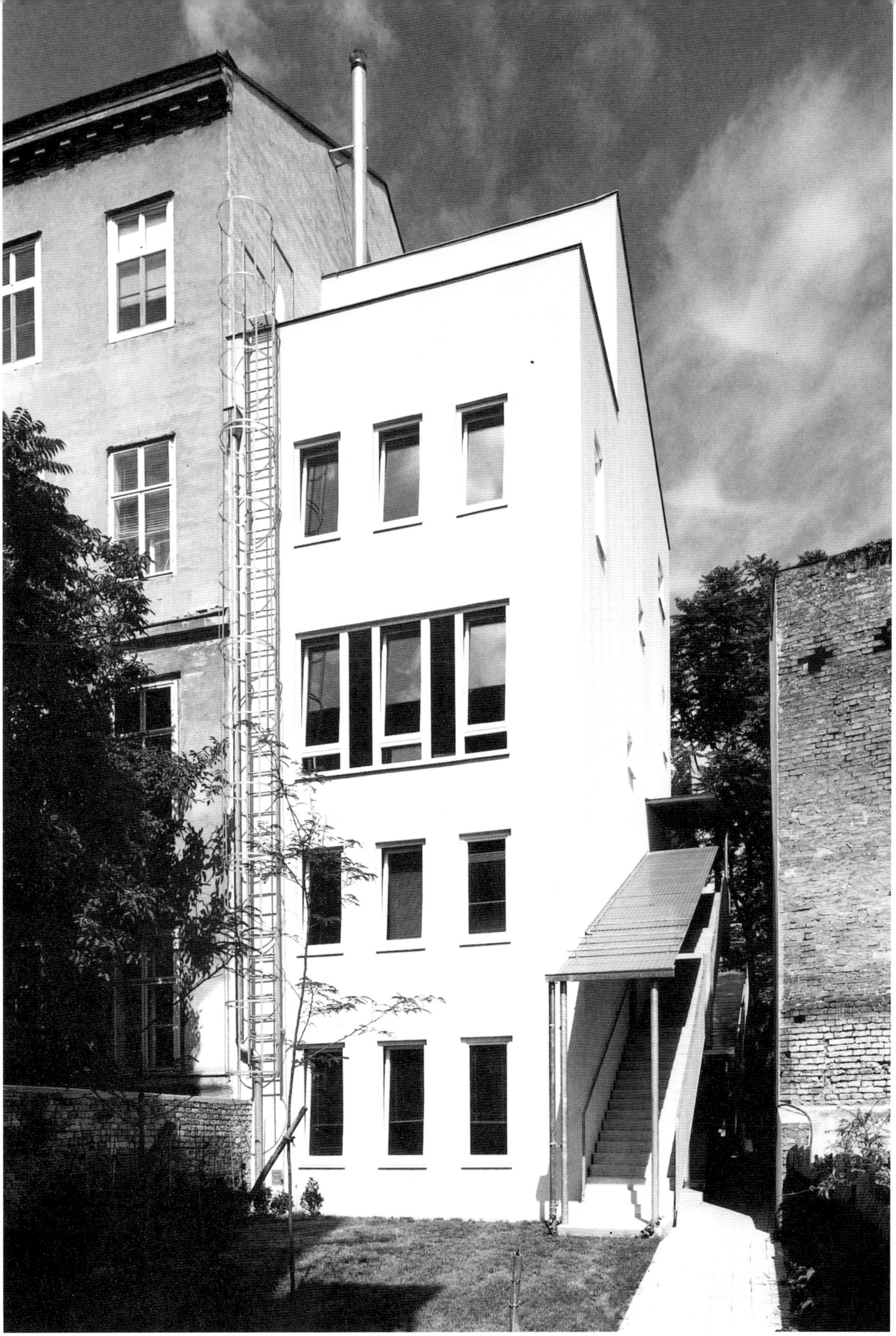

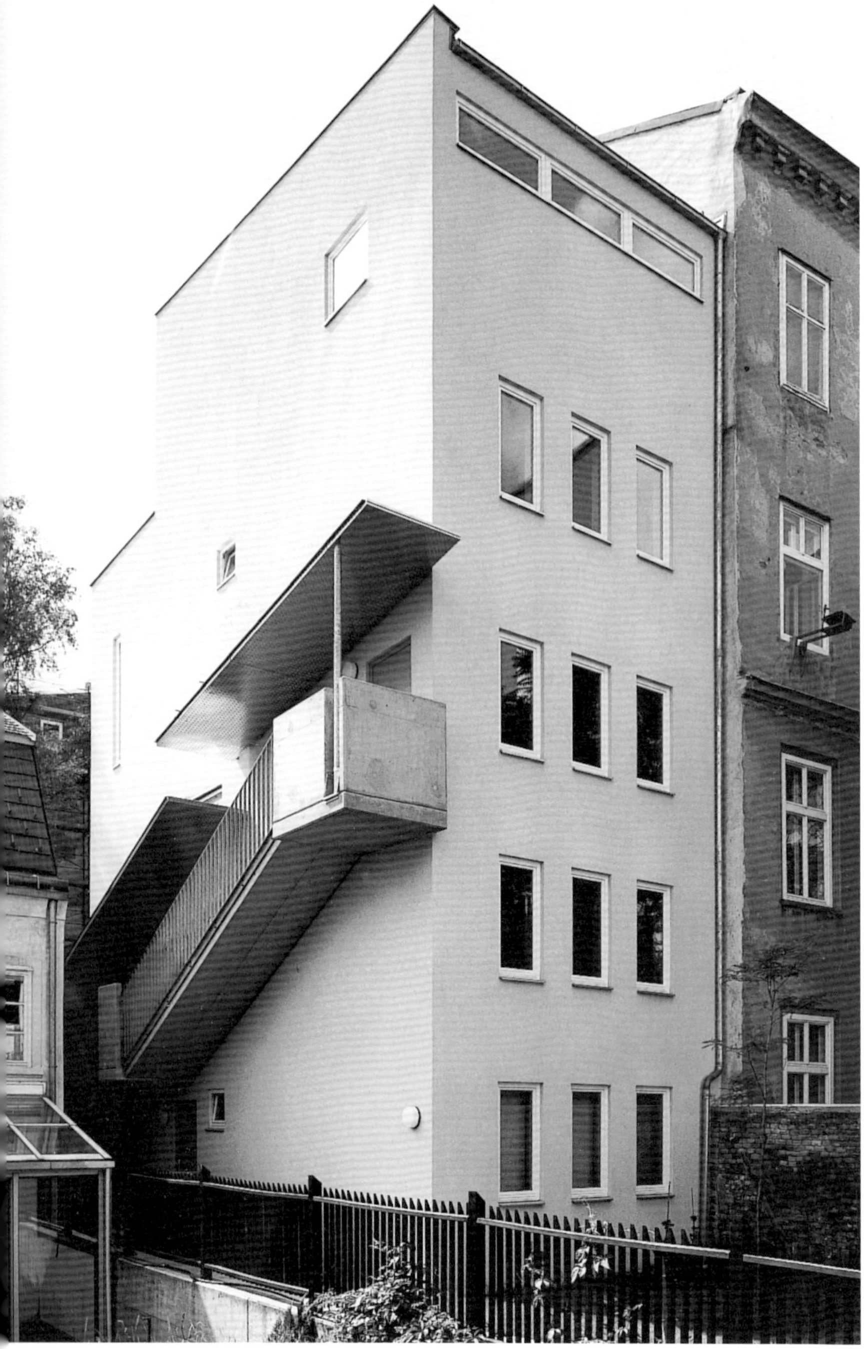

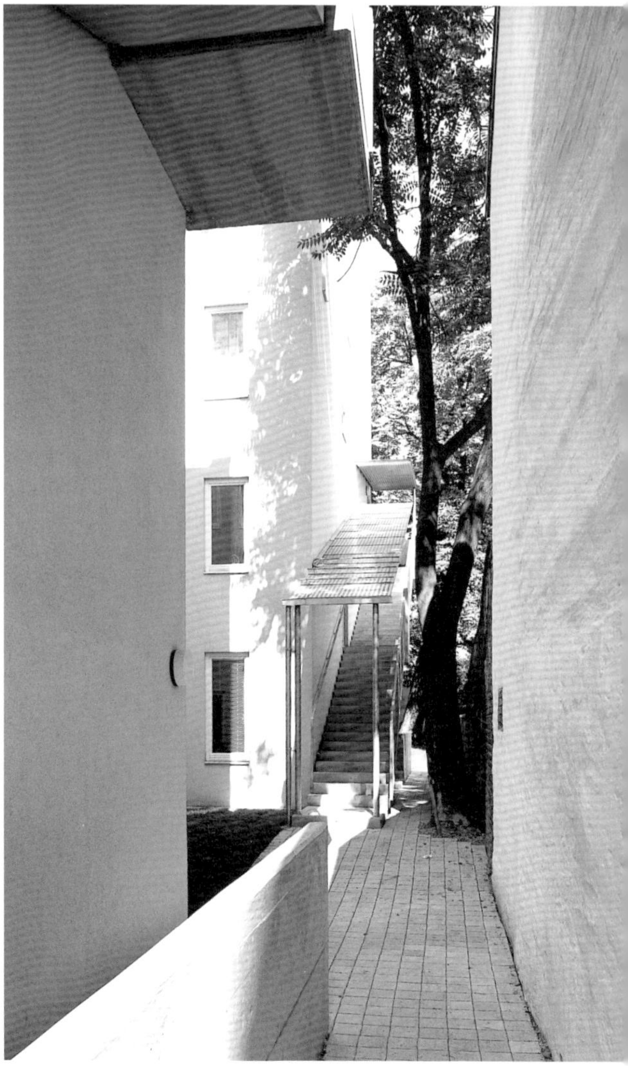

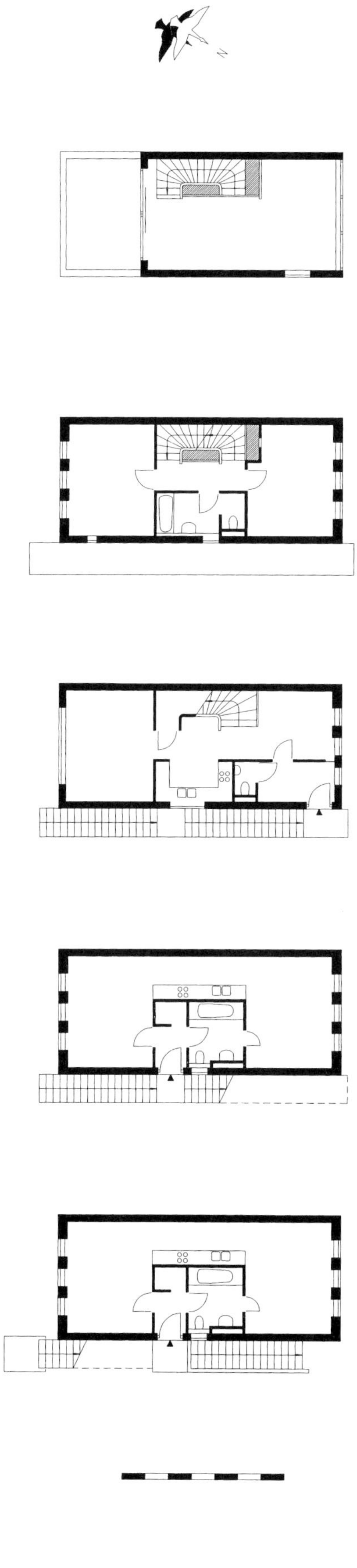
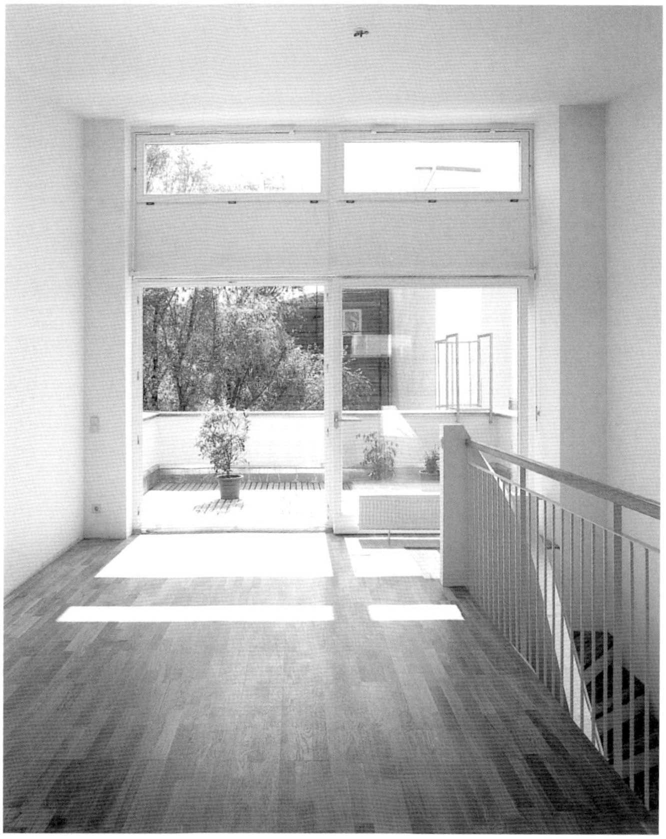
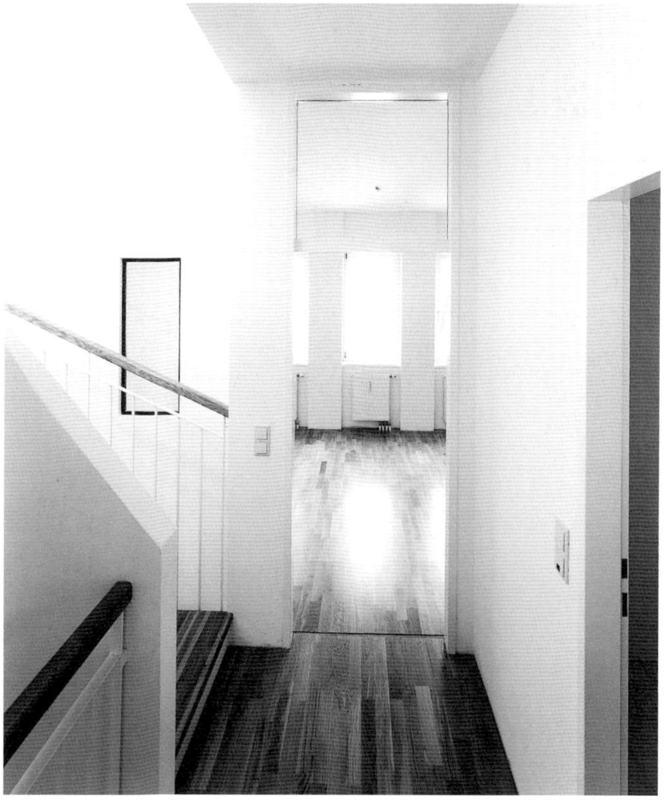

Schule Albertgasse

1995–1997
Wien 8, Albertgasse 18-22
Bauherr BIG Bundesimmobilien GesmbH

Das Schulgebäude aus dem Jahr 1908 wurde erweitert und saniert. Die bestehenden Trakte blieben erhalten und wurden mit Ausnahme einer neuen Dachzone auf dem Straßentrakt in ihrer Erscheinung nicht verändert. Hofseitig wurde parallel zum Straßentrakt in einem Abstand von 2 m zum Bestand ein neues, schlankes Gebäude errichtet.

Der dreigeschossige, glasüberdachte Zwischenraum ist ein heller, witterungsgeschützter „Außenraum". Einerseits trennt er die Gebäude, andererseits verbindet er mit Stiegen und Brücken die alten und neuen Räume. Die begrenzenden Wände bleiben Außenwände.

Im Kontrast zum Putz des Althauses hat das neue Gebäude eine glatte Haut in Form eines schillernden Glasmosaiks.

Der Neubau ruht auf einem 6 m hohen, in Stützen aufgelösten Erdgeschoß. Der freie Blick vom Straßentrakt in den Hof ist erhalten. Hier liegt, niveaugleich mit dem Schulhof, die große Pausenhalle mit Buffet. Im südlichen Teil wurde ein allseitig verglastes Zwischengeschoß eingehängt, in dem – in zentraler Lage – die Bibliothek untergebracht ist. In den darüberliegenden zwei Geschossen sind jeweils drei Klassen. Die Dachterrasse ist ein Ausgleich für die durch den Neubau verlorene Hoffläche.

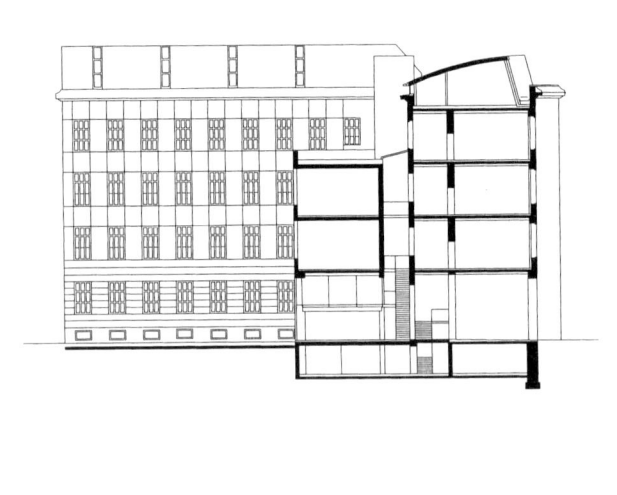

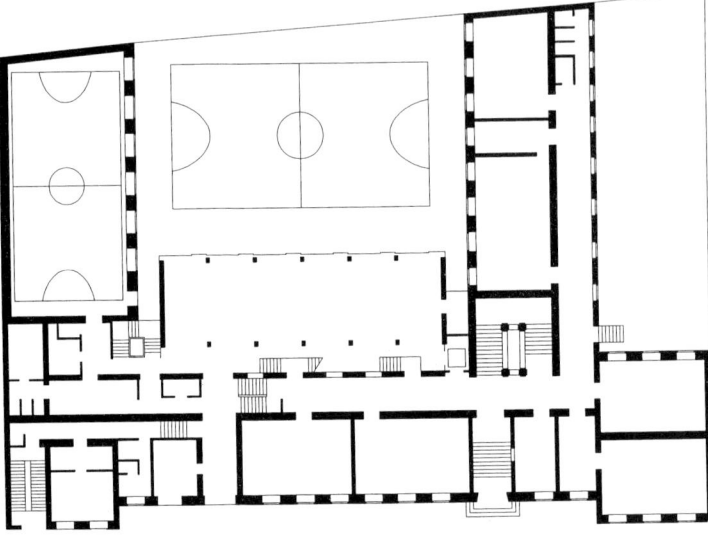

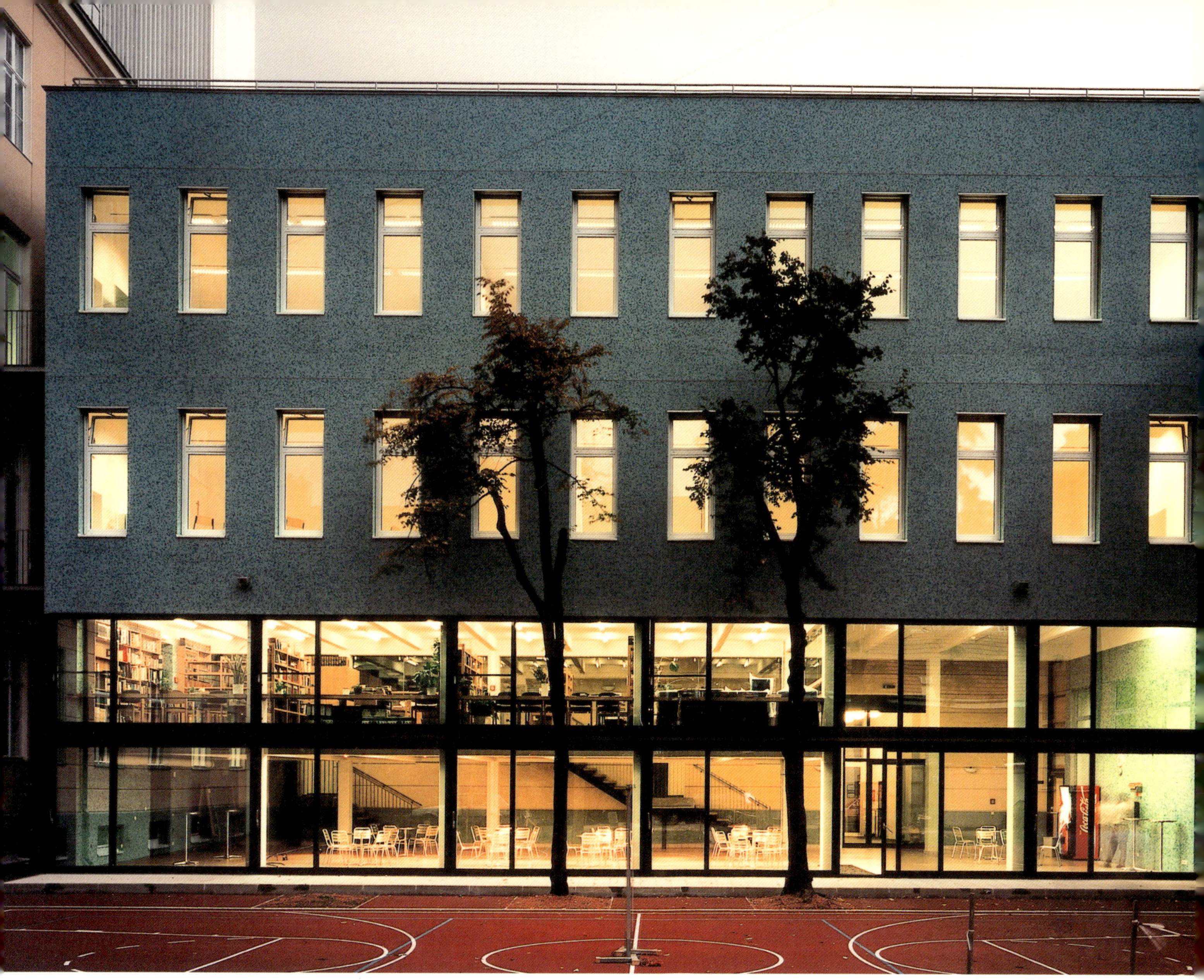

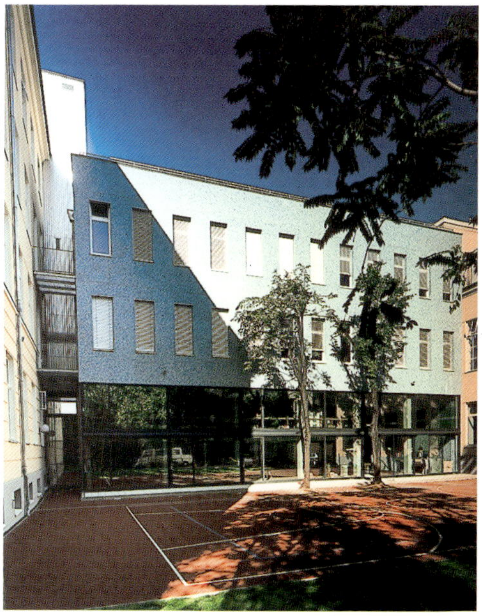

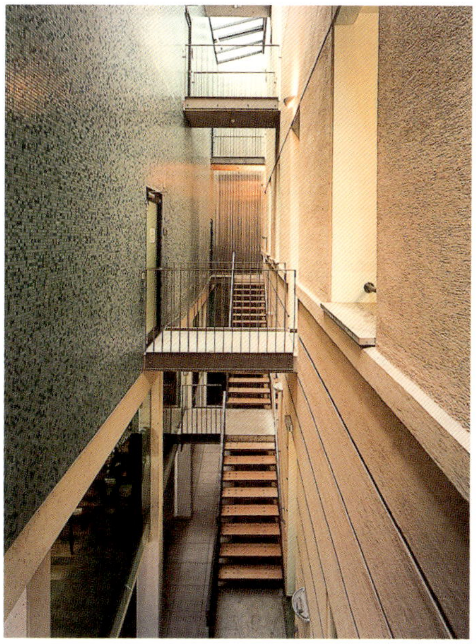

Flüchtlingsheim Zinnergasse

1994–1998
Wien 11, Zinnergasse 29 B
Heimträger: Fonds zur Integration von Flüchtlingen
Bundesministerium für Inneres
Bauherr: Wohnbauvereinigung für Privatangestellte
133 Wohneinheiten,
Kindertagesheim,
Schulungsräume etc.

Das Grundstück in Kaiserebersdorf ist Teil eines ehemaligen Kasernengeländes. Die bestehenden Gebäude wurden nach 1956 für ungarische Flüchtlinge verwendet, die zum Teil noch dort wohnen. Mit dem neuen Flüchtlingsheim werden die Bebauungsstruktur und das Wegenetz aufgenommen und fortgeführt. Zwei parallele, fünfgeschossige Trakte sind durch einen dreigeschossigen Kopfbau verbunden. Der Hof ist im Westen gegen den Huma-Markt geschlossen.

An der Südfront sind den Wohntrakten etwas von der Fassade abgerückte, schattengebende Laubengänge vorgelagert. Die Wohnungen öffnen sich mit ihrem Hauptraum über einen kleinen Vorplatz zu diesen Laubengängen, der Laubengang wird somit zur Wohnstraße. Diese Offenheit erleichtert Kommunikation und Begegnung.

Der Bauaufgabe entsprechend wird auf Wirtschaftlichkeit und Sparsamkeit größter Wert gelegt. Durch Vermeiden von Verkehrsflächen ist der Flächenbedarf minimiert, sämtliche Installationen sind in der Mittelzone konzentriert. Im Kopfbau sind neben kleinen Wohneinheiten zusätzliche Einrichtungen wie Räume für Sprachkurse und Schulung, Gemeinschafts- und Beratungsräume sowie ein Kindertagesheim untergebracht.

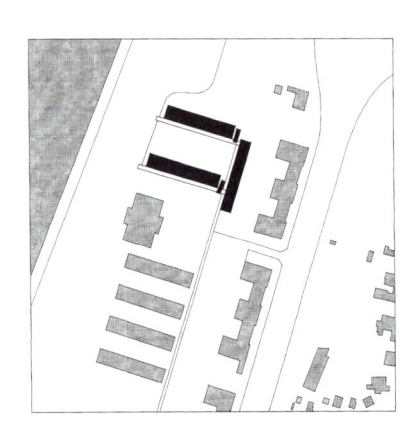

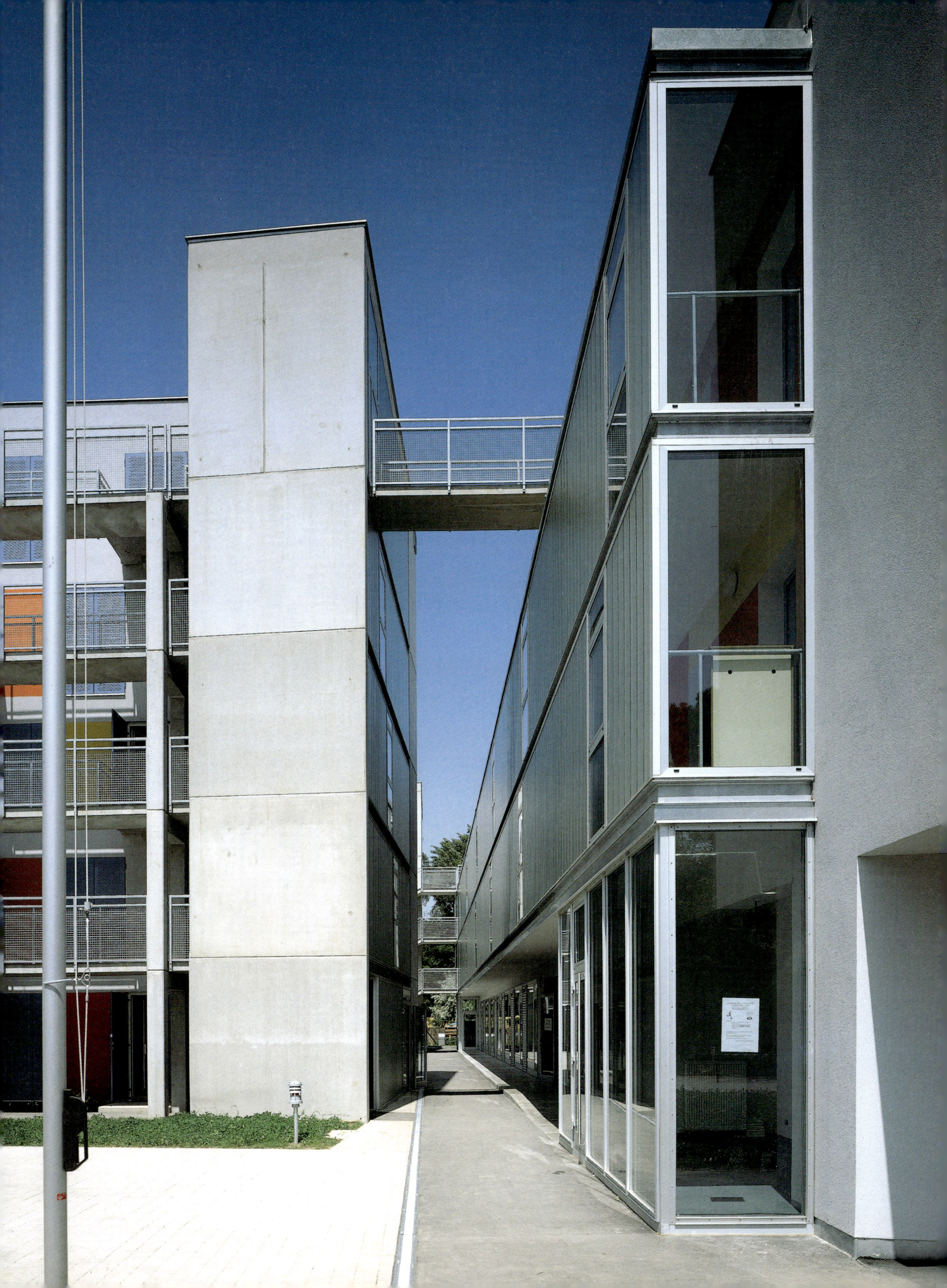

30 | 31

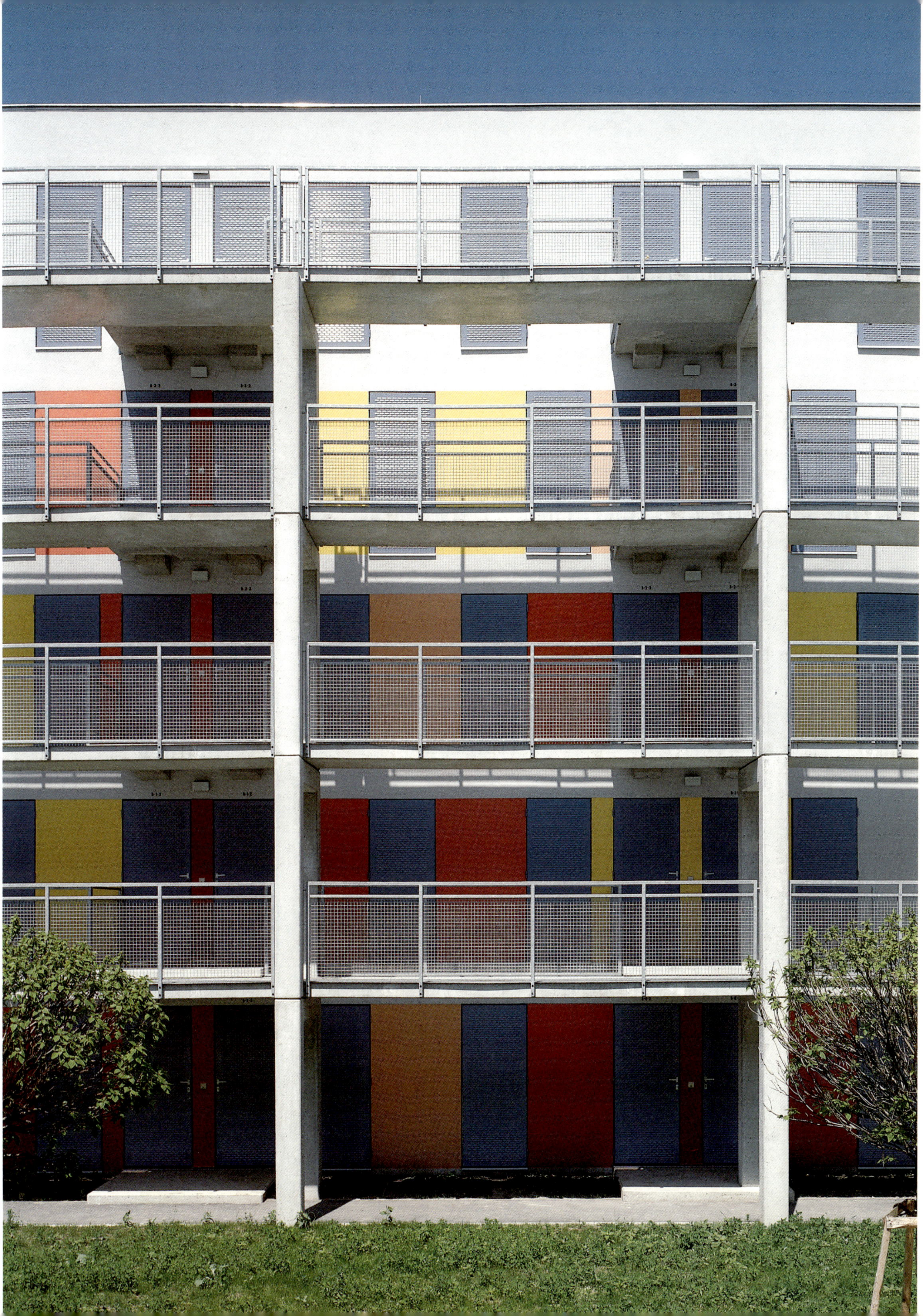

32 | 33

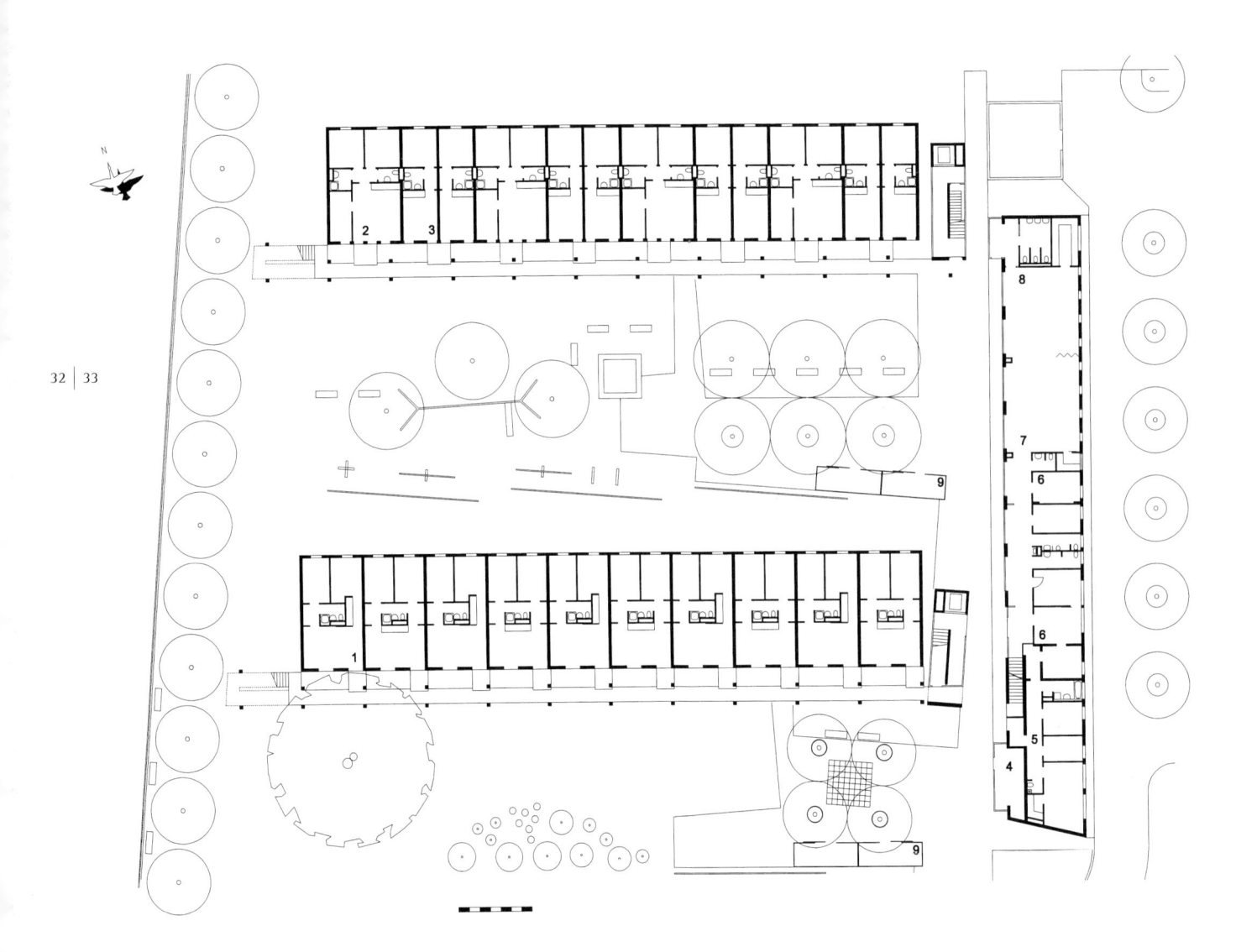

1 Wohneinheit 53 m²
2 Wohneinheit 63 m²
3 Wohneinheit 31 m²
4 Café
5 Verwalter
6 Büro
7 Schulung
8 Kindertagesheim
9 Kinderwagen

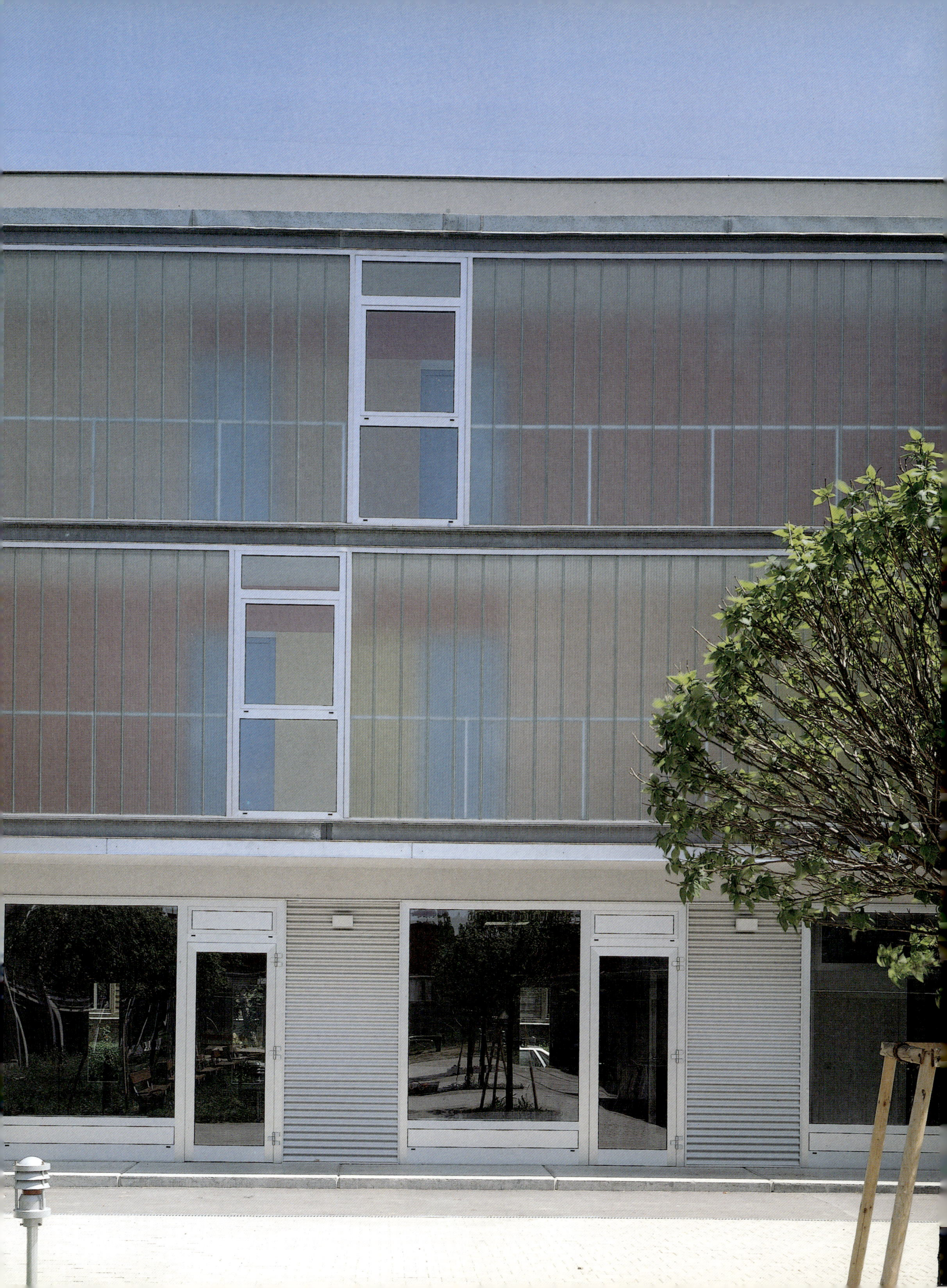

Wohnhausanlage Strohblumengasse

1993–1997
Wien 22, Strohblumengasse /
Hardeggasse / Wulzendorfstraße
Bauherr   Wogem
33 Wohnungen bzw. Ordinationen
1 Geschäftslokal

Das Grundstück liegt zwischen Bebauungsstrukturen unterschiedlichen Maßstabs. Im Norden sind die großen Massen der Schule Langobardenstraße und des Spitals SMZ-Ost, im Süden ist die kleinteilige Bebauung des Siedlungsgebietes Am Mühlhäufel.

Der Baukörper betont diese Situation und nimmt mit seinem Nordtrakt den leichten Schwung der Wulzendorfstraße auf. In die Tiefe des Grundstückes nach Süden entwickelt sich ein schlanker Gartentrakt, dessen Kopf gemeinsam mit zwei Gartenhäusern auf die Kleinteiligkeit an der Strohblumengasse antwortet.

Die Nordfront ist ziemlich geschlossen, eine breite Unterbrechung öffnet den Garten zur Straße und zeigt den parkartigen Charakter der Anlage. Die Wohnungen sind nach Süden zum Garten orientiert.

Auf Grund der durch die Nähe zum SMZ-Ost erwarteten Mieterstruktur wurden relativ kleine Wohnungen vorgesehen. Die Art der Aufschließung, mit direkten Eingängen im Erdgeschoß und Laubengängen im ersten Stock, ermöglicht die Unterbringung von Ordinationen und die Zusammenlegung einzelner Einheiten.

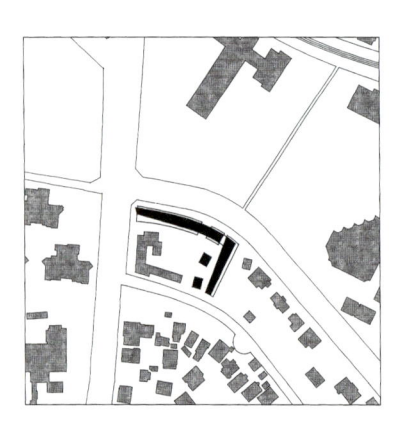

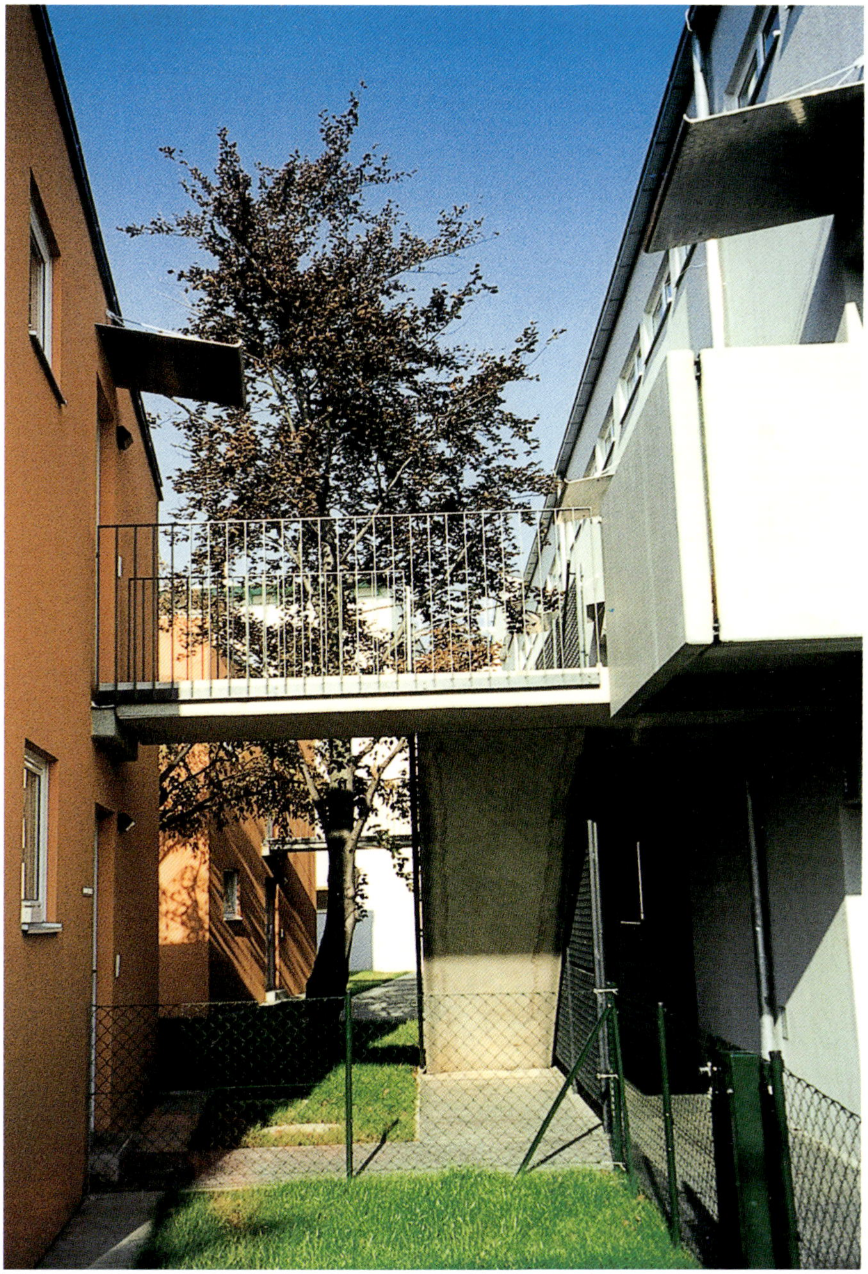

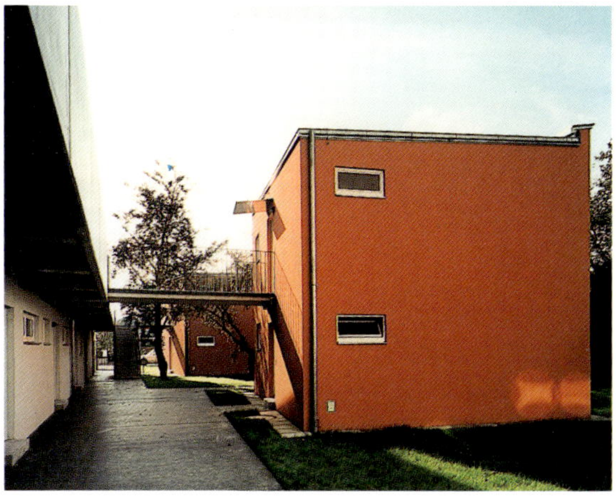

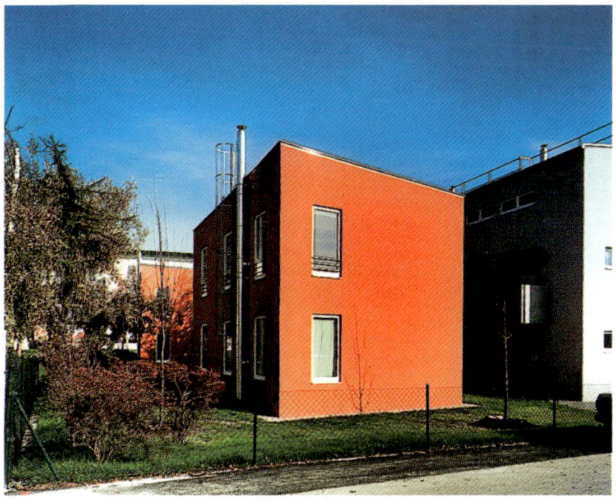

36 | 37

Obergeschoß

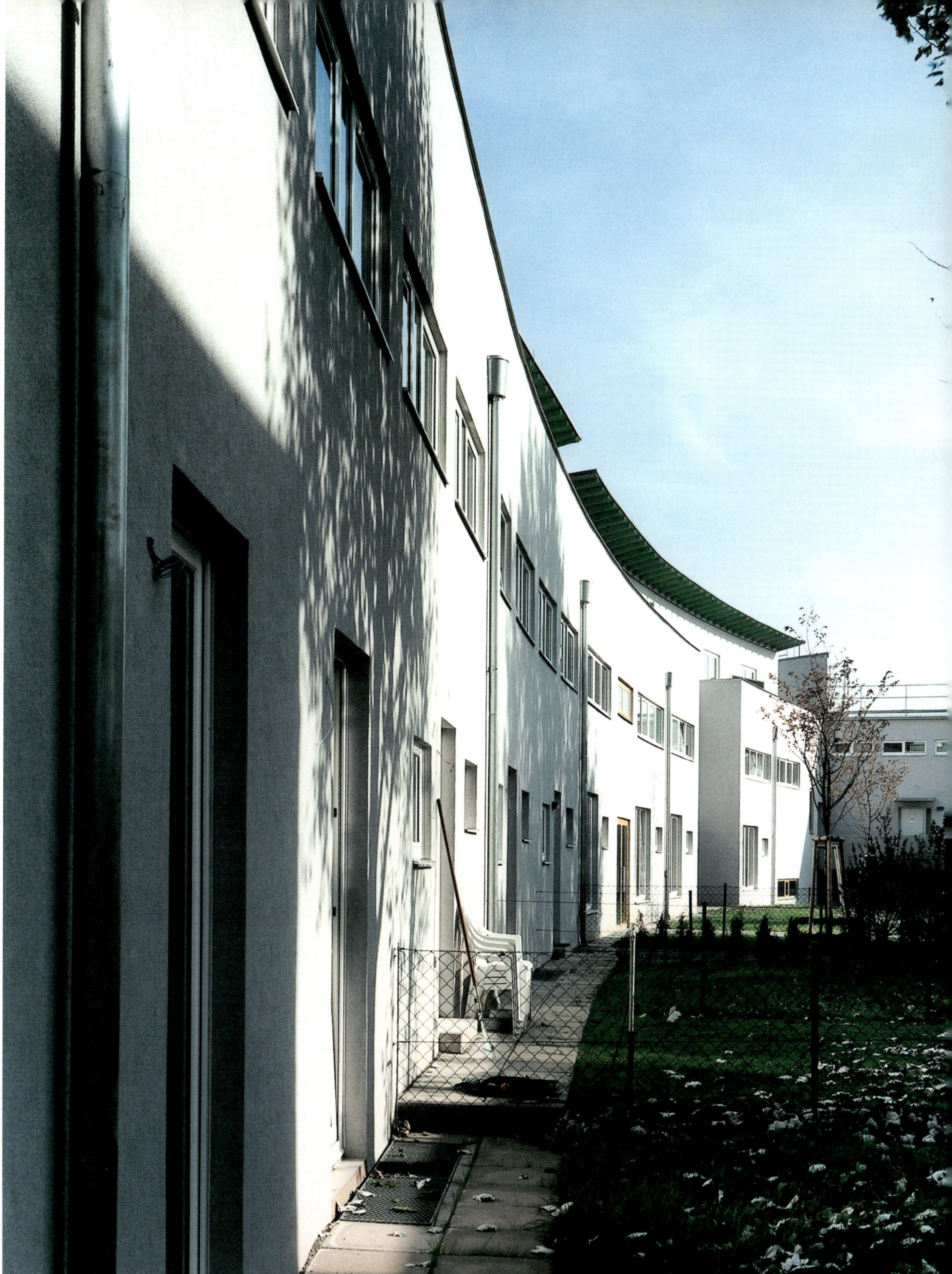

Wohnhausanlage Leberberg

1993–1996
Wien 11, Josef-Haas-Gasse /
Leberweg
Bauherr Wogem
76 Wohnungen
2 Ordinationen
1 Geschäftslokal

Das Grundstück liegt am südlichen Rand des großen Stadterweiterungsgebietes Leberberg. Es ist ein Schwellenbereich zwischen dem kleinteiligen Maßstab der bestehenden Einfamilienhäuser an der Simmeringer Hauptstraße und der dichten und relativ hohen Bebauungsstruktur an der „Ringstraße" und weiter nördlich.

Mit seiner Schmalseite liegt das Grundstück am Anfang des den Leberberg durchziehenden fußläufigen Leberweges. Hier wurde ein Platz ausgebildet, um den die drei Gebäude situiert sind bzw. von dem sie ausgehen. Die unterschiedliche Typologie wird durch die Farbgebung betont.

Der Straßentrakt ist ein breites, dreigeschossiges Gebäude, das dem Gelände folgend abgestuft ansteigt. Das Terrassengeschoß läuft durch. Fünf Durchgänge gliedern den Baukörper. Von großen, teilweise offenen Stiegenhäusern an diesen Durchgängen werden jeweils drei niveauversetzte Wohnungen aufgeschlossen. Der Südfront ist eine durchgehende Loggienwand vorgesetzt. Im Kopf dieses Gebäudes sollte sich ein Café/Gasthaus zum Platz öffnen – ein Stützpunkt für die benachbarten südlichen Leberberger. Übernommen wurde das Lokal aber dann leider doch von einer Bank.

Der schmale Gartentrakt leitet zu den Einfamilienhäusern über. Auf einem durchgehenden Erdgeschoßsockel mit breit gelagerten Gartenwohnungen reiten sechs kleine, zweigeschossige, einfamilienhausähnliche Typen mit großen begrünten Terrassen.

Ein würfelförmiges Gebäude schließt den Platz südlich ab. Durch ein Kreuz zerschnitten, entstehen jeweils vier kleine Eckwohnungen.

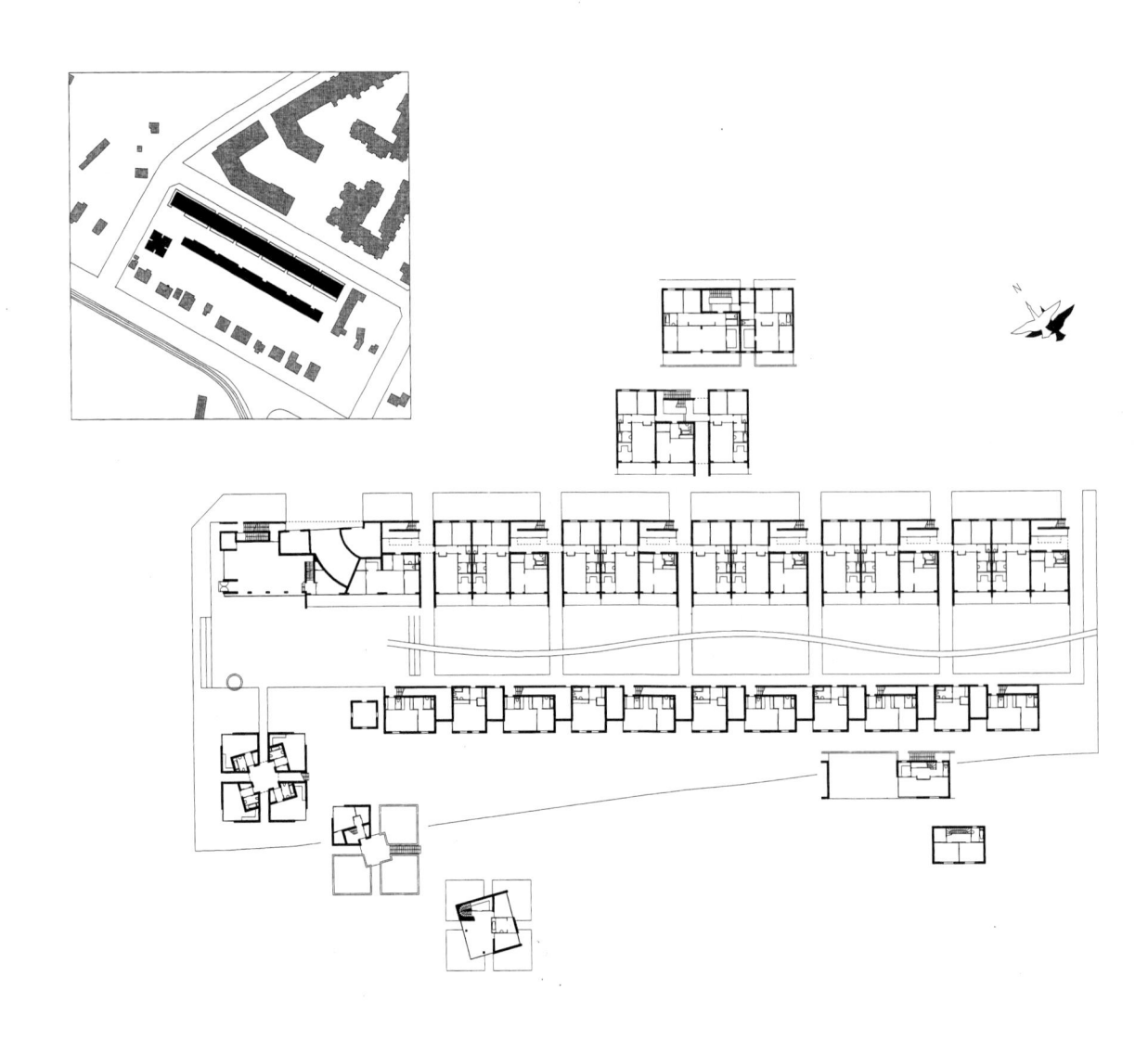

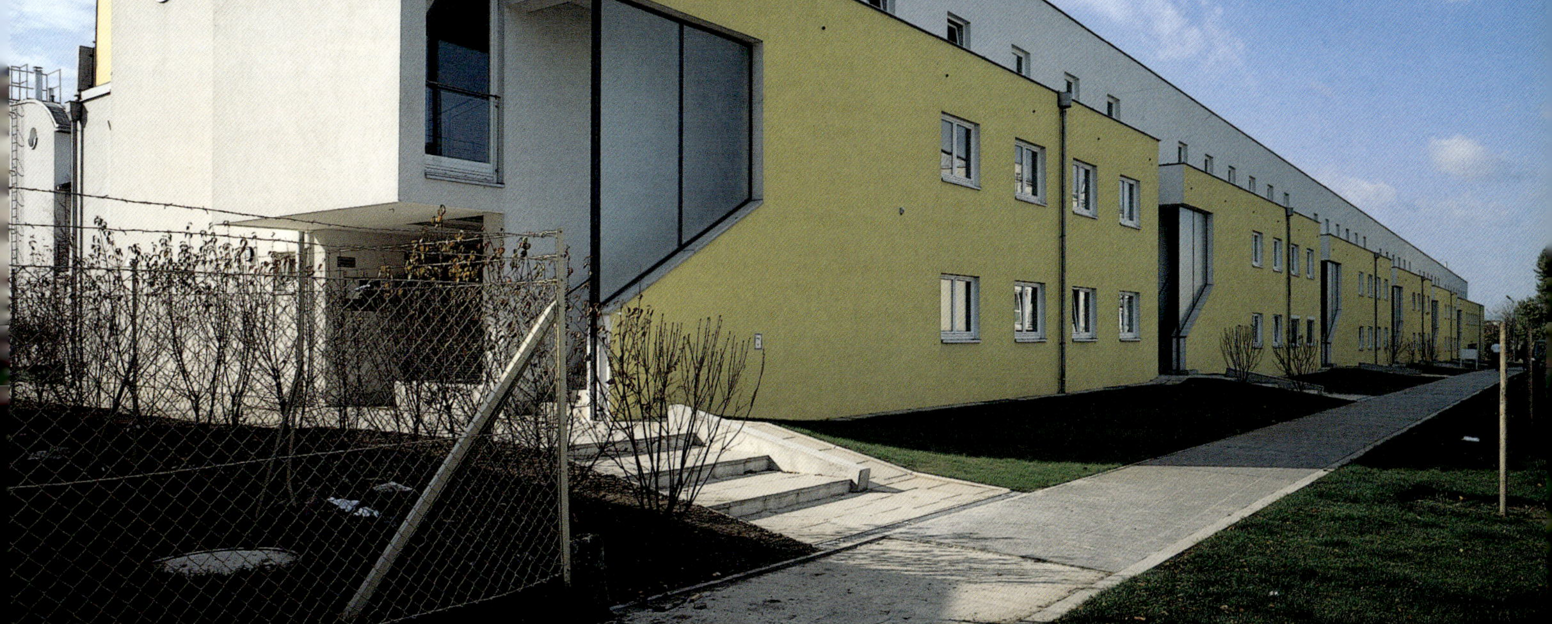

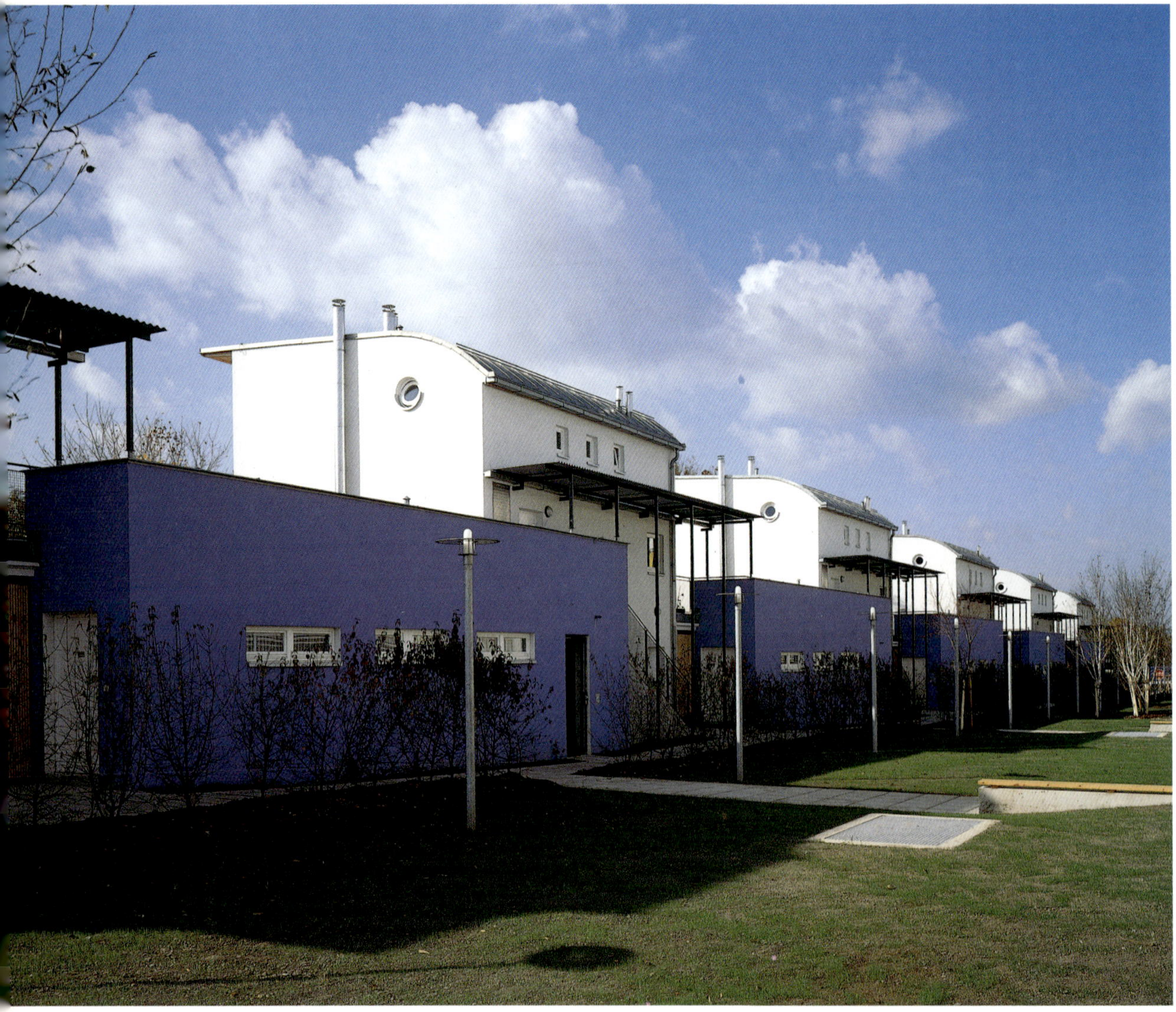

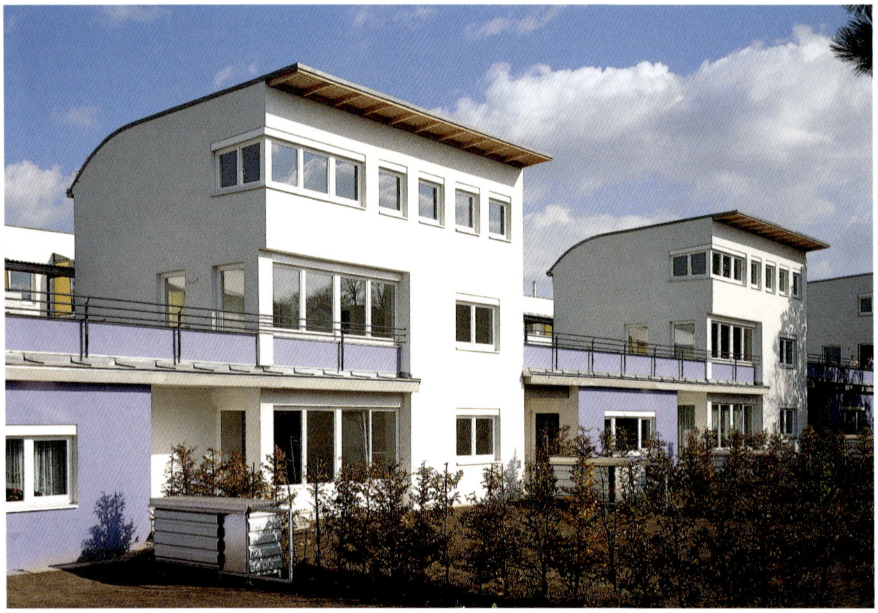

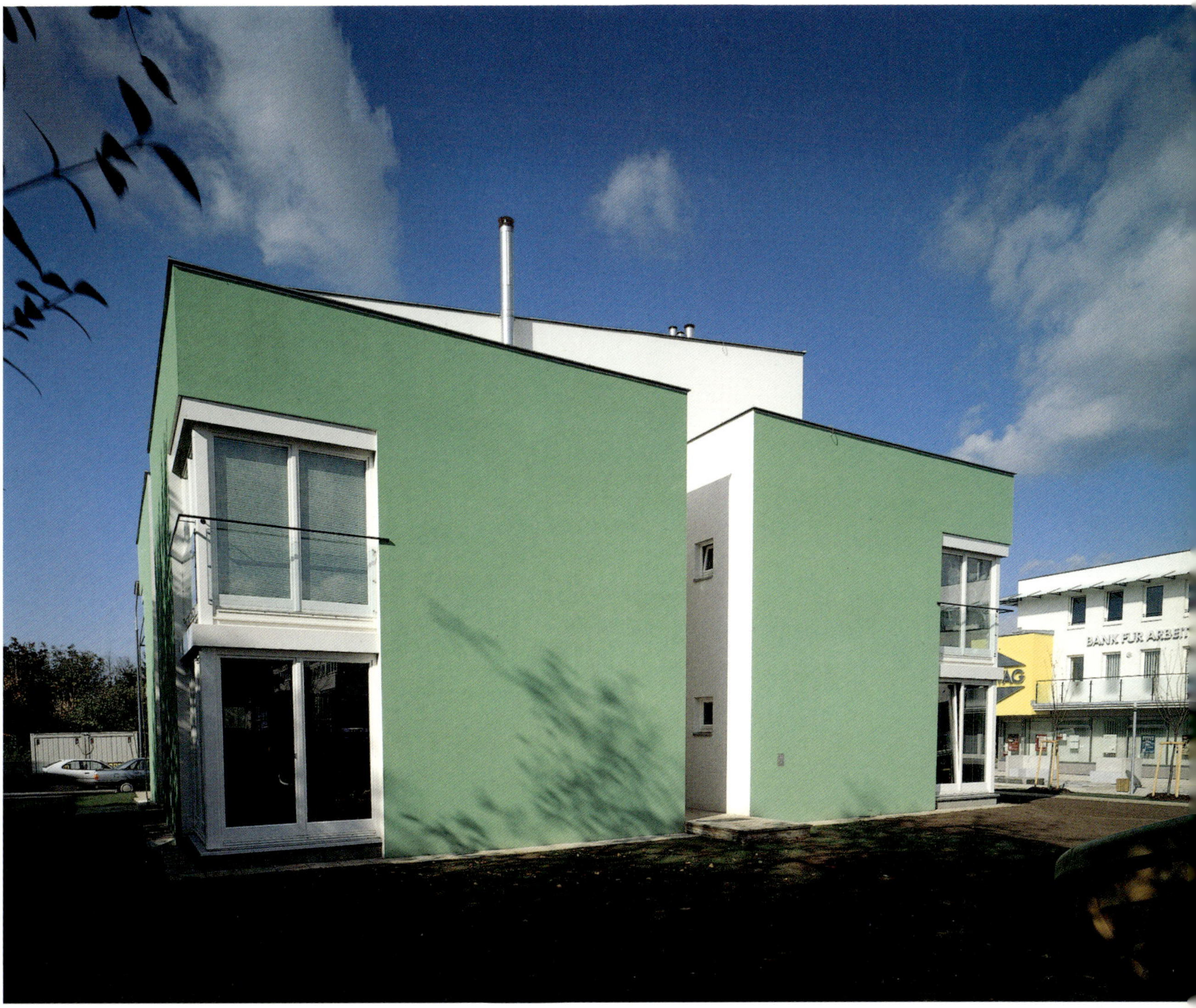

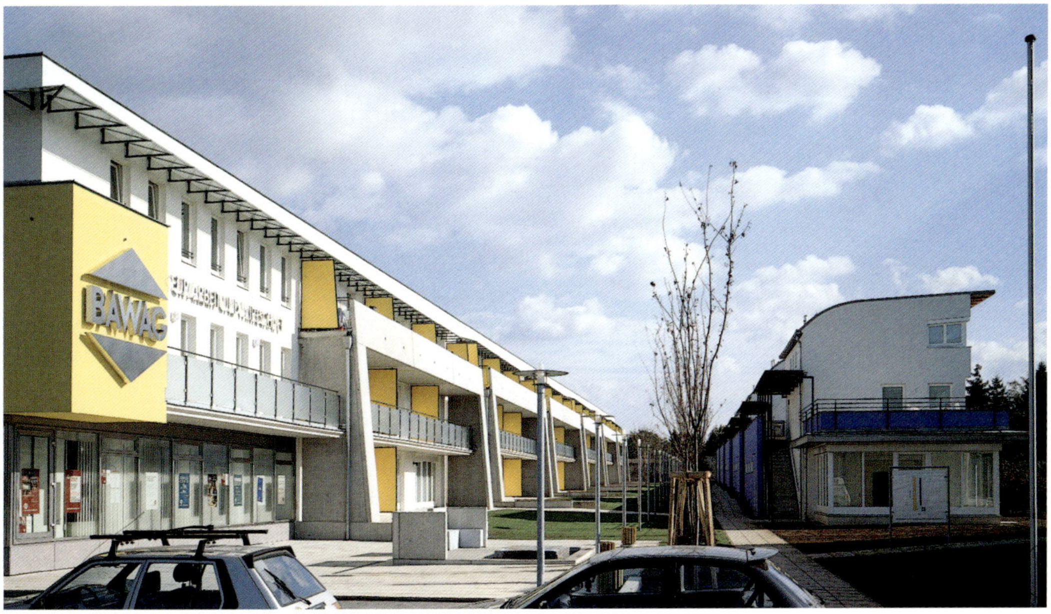
BAWAG

Wohnhausanlage Genoch Süd

1993–1996
Wien 22, Boltensterngasse 1-3
Bauherr   Wohnbauvereinigung für
         Privatangestellte
134 Wohnungen
Behindertenzentrum

Die Aufteilung der Grundstücke im Stadterweiterungsgebiet Genoch Süd in Eßling ist städtebaulich nicht nachvollziehbar. Da weder ein Leitprojekt vorlag noch eine Abstimmung der Bauträger erfolgen konnte, stellte sich die Aufgabe, ein autonomes Projekt auszuarbeiten.

Die beiden Grundstücke der Wohnbauvereinigung sind dreiseitig von landwirtschaftlich genutzten Flächen bzw. einem kleinen Park im Süden umgeben und werden durch einen Fußweg geteilt. Der Entwurf versuchte, diese Trennung mit einer durchgehenden, der vorgegebenen hohen Ausnutzung entsprechend dichten städtebaulichen Struktur zu überwinden – eine kompakte Insel in den Feldern von Eßling.

Entlang der Straße sind vier U-förmige Gebäude situiert, die durch leichte Verschwenkungen die fragwürdige Ausrichtung der Straße brechen. Westlich schließen Doppelzeilen an. Ein Nord-Süd gerichteter angerförmiger Platz, der seine Fortsetzung im Park findet, stellt die Verbindung und das gemeinsame Zentrum dar. Der Anger ist durch Stiegenanlagen, Bäume, Sitzblöcke, Fahrrad-Container etc. gegliedert und möbliert.

Die Höhenentwicklung ist einheitlich dreigeschossig. Auf die Doppelzeilen wurde auf Grund der Forderung nach zusätzlicher Nutzfläche ein Dachgeschoß aufgesetzt. Diese „aufgesetzten" Bauteile sind sowohl formal (Schuppen wie sie in dieser Gegend häufig herumstehen) als auch durch die Textur der Oberfläche spezifisch betont.

Die Aufschließung ist großteils in Form von außenliegenden Stiegen und Laubengängen aus den Gebäuden herausgelöst.

Die klaren, einfachen Baukörper sind nach außen bzw. nach Norden durch gleichartige Lochfassaden geschlossen. Nach Süden und ins Innere öffnen sie sich mit großen Schiebefenstern, die Wohnräume sind dadurch auch als loggienähnliche Freiräume nutzbar. Schiebeläden ermöglichen trotz der Dichte Abschirmung und Privatheit. Zwischen den Doppelzeilen sind Gartenhöfe situiert. Durchgrünte Gitterwände und Pergolen schaffen für die Erdgeschoßwohnungen definierte, intime Außenräume.

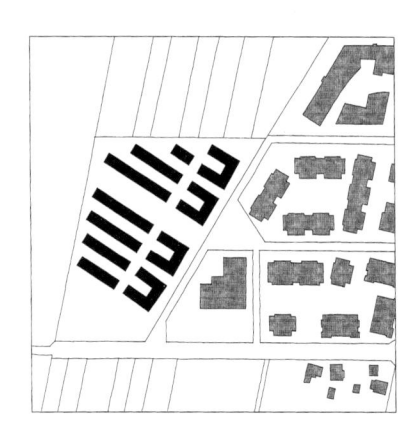

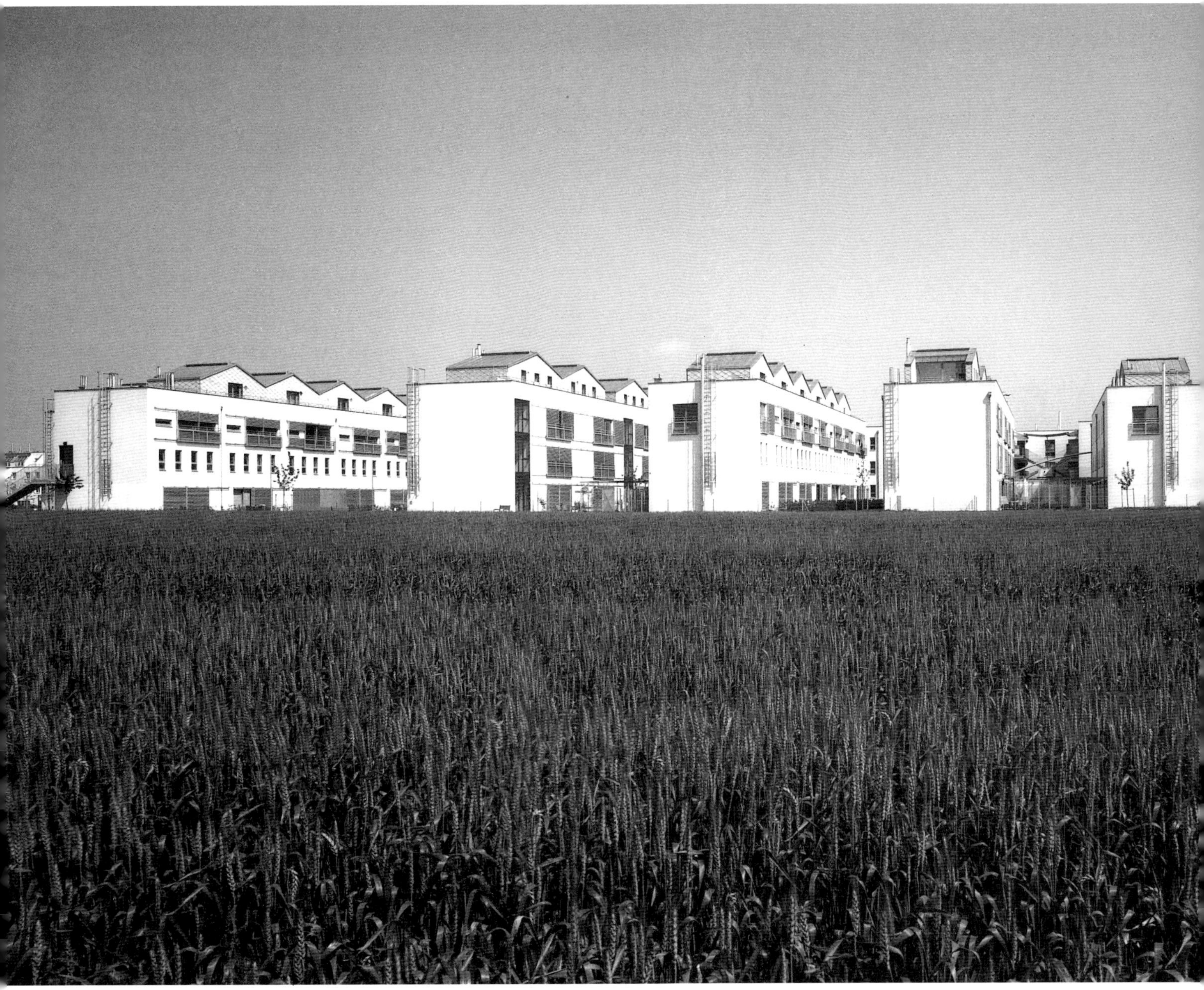

44 | 45

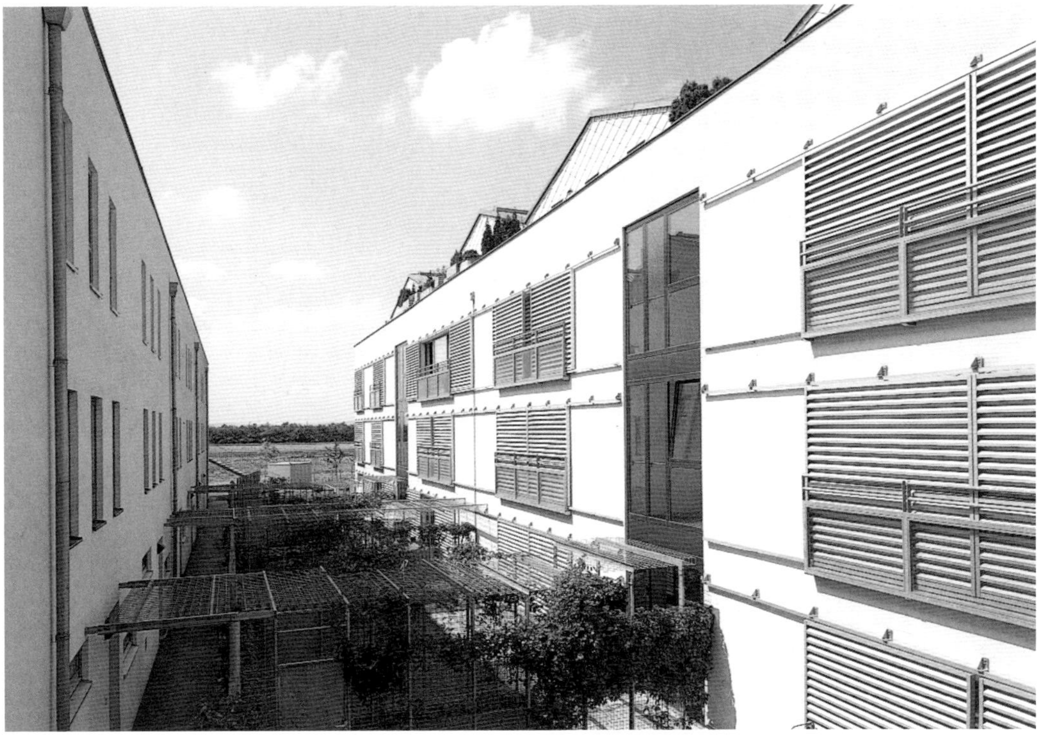

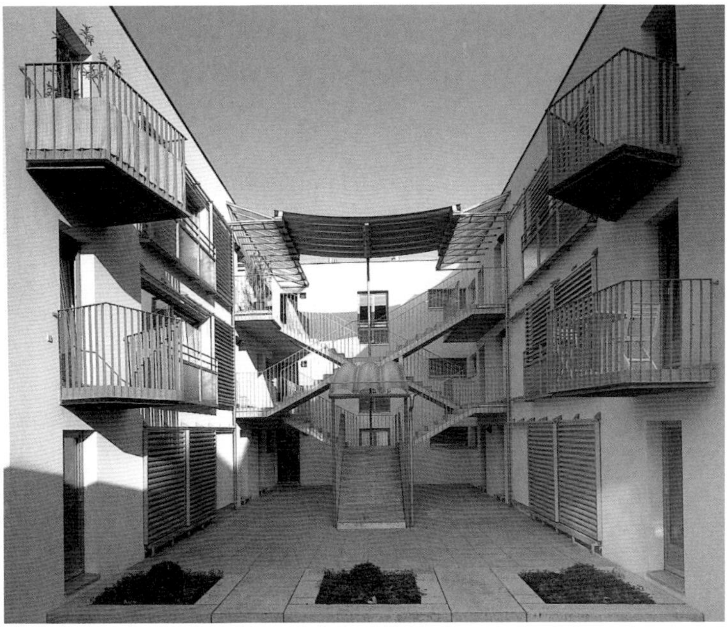

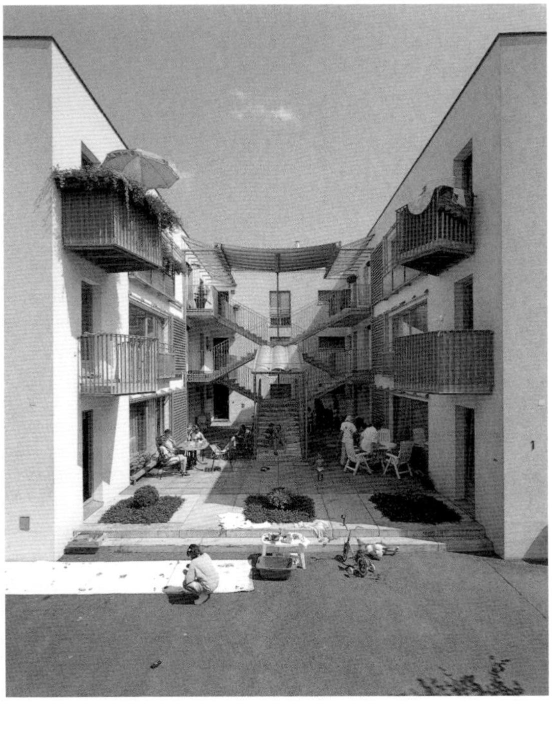

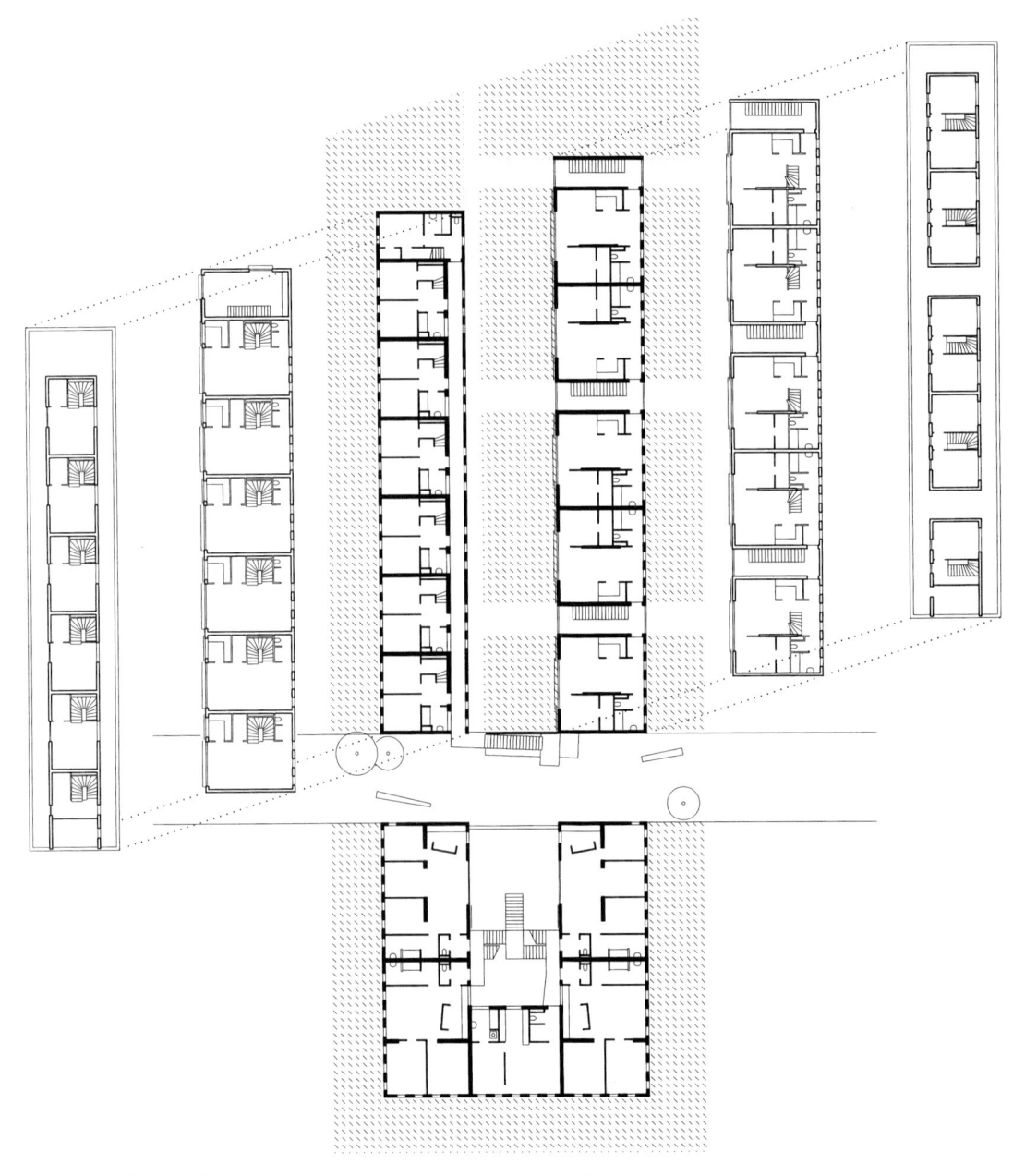

46 | 47

Dachgeschoß   2. Obergeschoß   1. Obergeschoß   2. Obergeschoß   Dachgeschoß

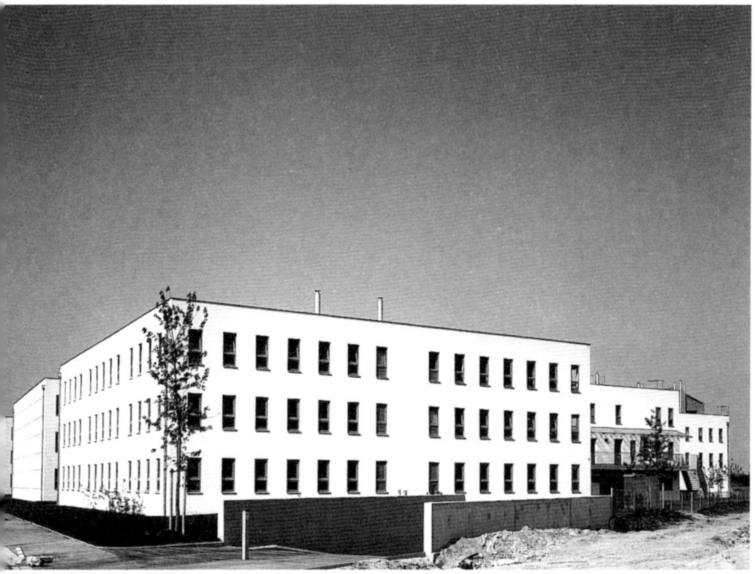

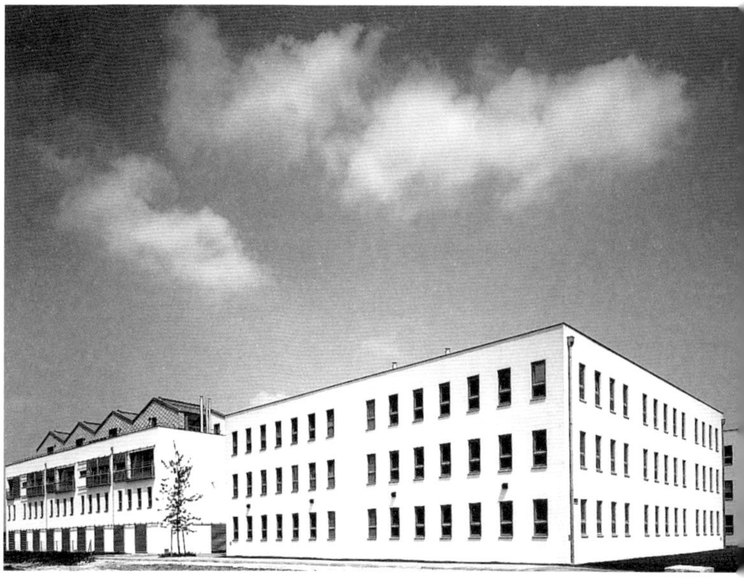

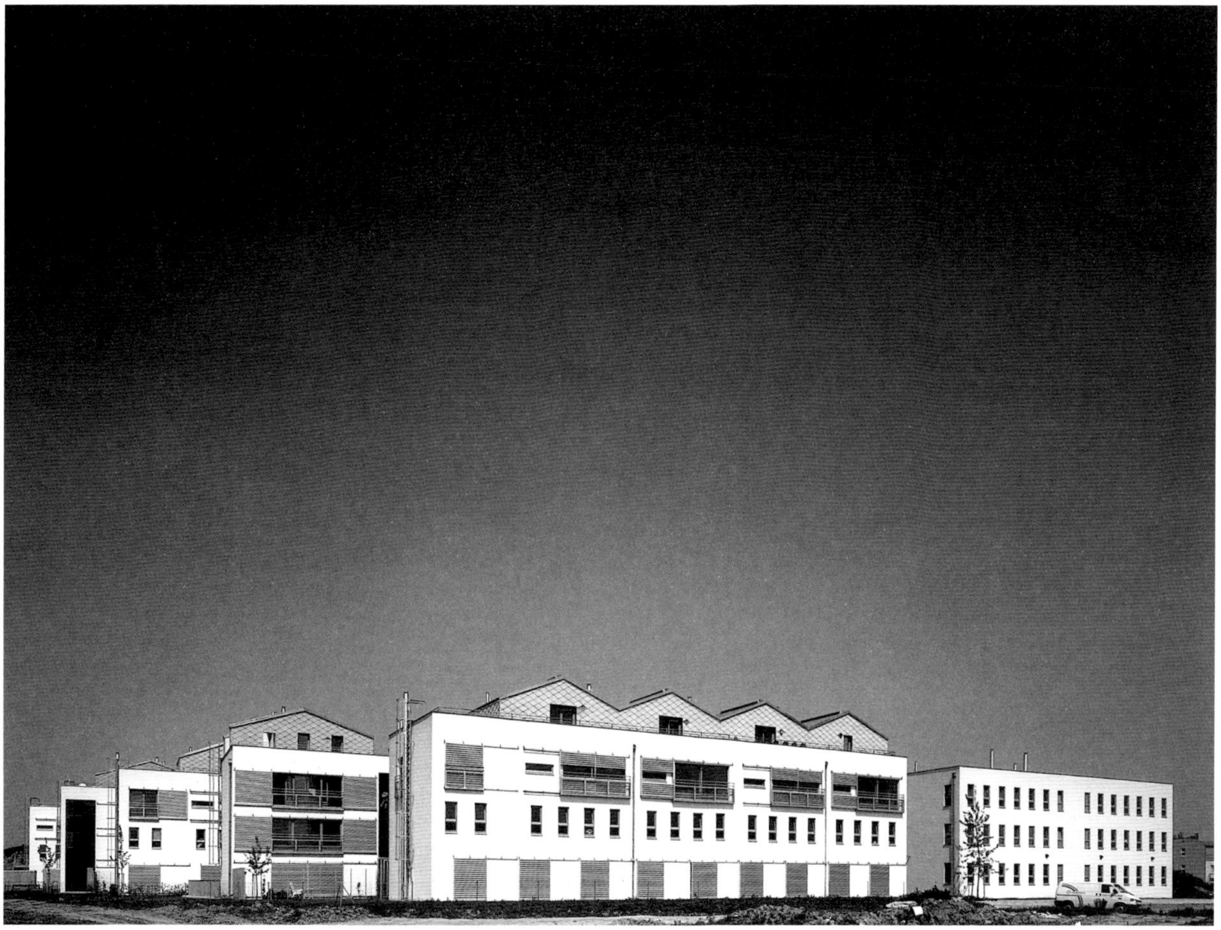

Wohnhausanlage Ocwirkgasse

1992–1996
Wien 21, Ocwirkgasse 7
Bauherr Frieden
81 Wohnungen

Die Ocwirkgasse ist Teil des Stadterweiterungsgebietes „Brünner Straße" und liegt südlich des Marchfeldkanales.

Das Projekt berücksichtigt die gegebene Topographie und betont die unterschiedliche Charakteristik. An den Trakt an der Ocwirkgasse schließen drei Finger mit nach Süden orientierten Wohnungen an. Die Höfe öffnen sich somit voll nach Westen, zum Grün und zur Aussicht auf Bisamberg und Leopoldsberg. Die Landschaft wird in die Anlage hereingeholt.

Drei Stiegen, die sich in Laubengängen im zweiten Oberschoß der Finger fortsetzen und so die dahinterliegende Bebauungsstruktur erkennen lassen, bedienen die ganze Anlage. Ein die Finger verbindender Steg auf Höhe des Laubenganges definiert die Höfe, ohne sie abzuschließen. Der Trakt Ocwirkgasse ist in Verlängerung der Höfe im Erdgeschoß geöffnet und betont die Durchlässigkeit. Diese Flächen dienen als überdeckte Spielplätze.

Das Angebot an unterschiedlichen Wohnungen ist groß. Im Trakt an der Ocwirkgasse sind es durchwegs Geschoßwohnungen. Im Terrassengeschoß sind die Räume beidseits eines glasüberdeckten Atriums angeordnet. Glaswände und Schiebelemente zu diesem Atrium und nach außen ergeben Variabilität und Transparenz.

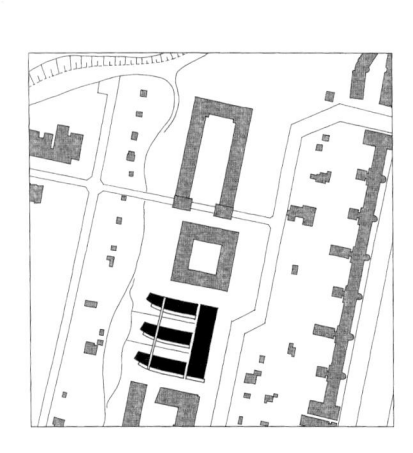

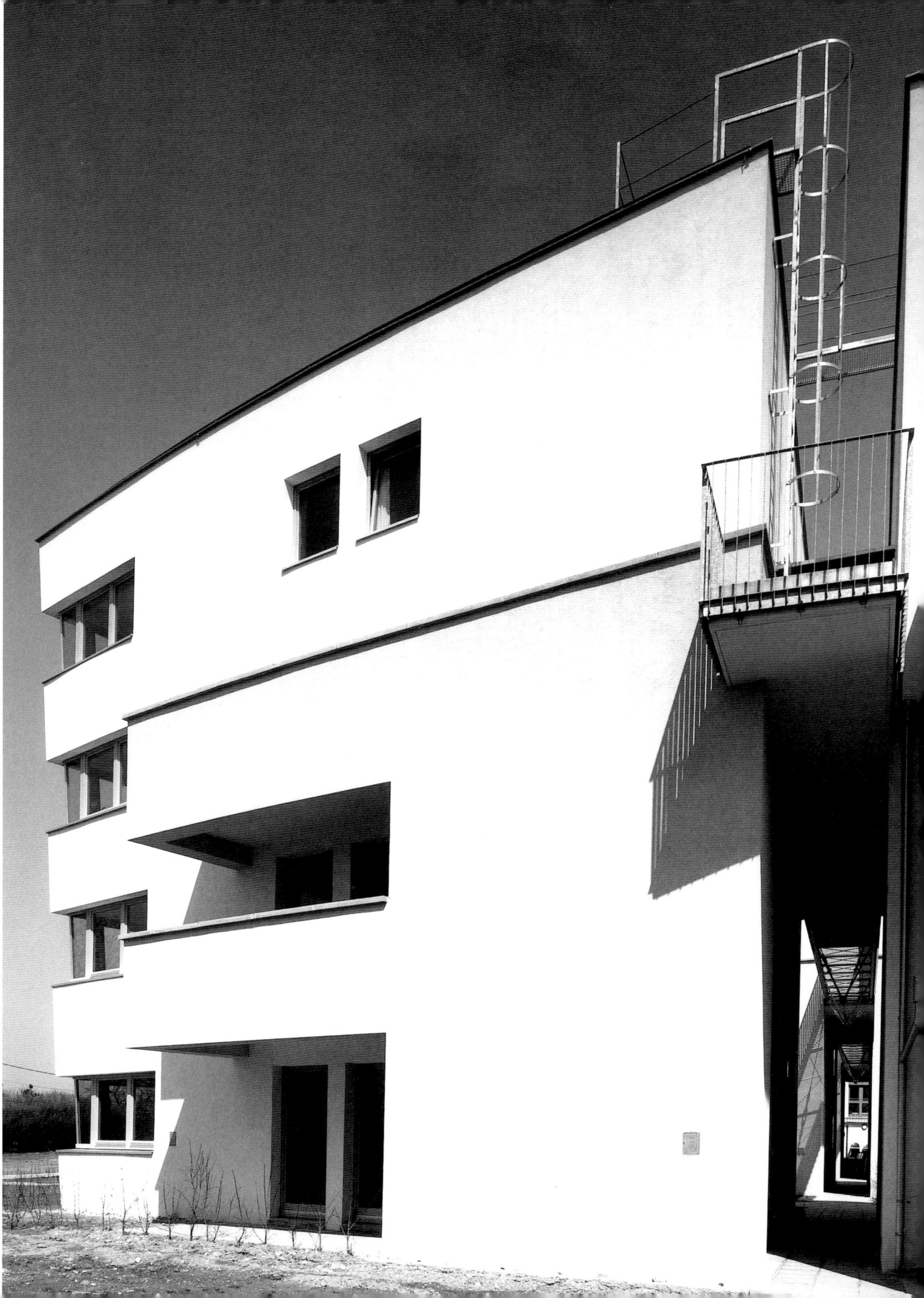

50 | 51

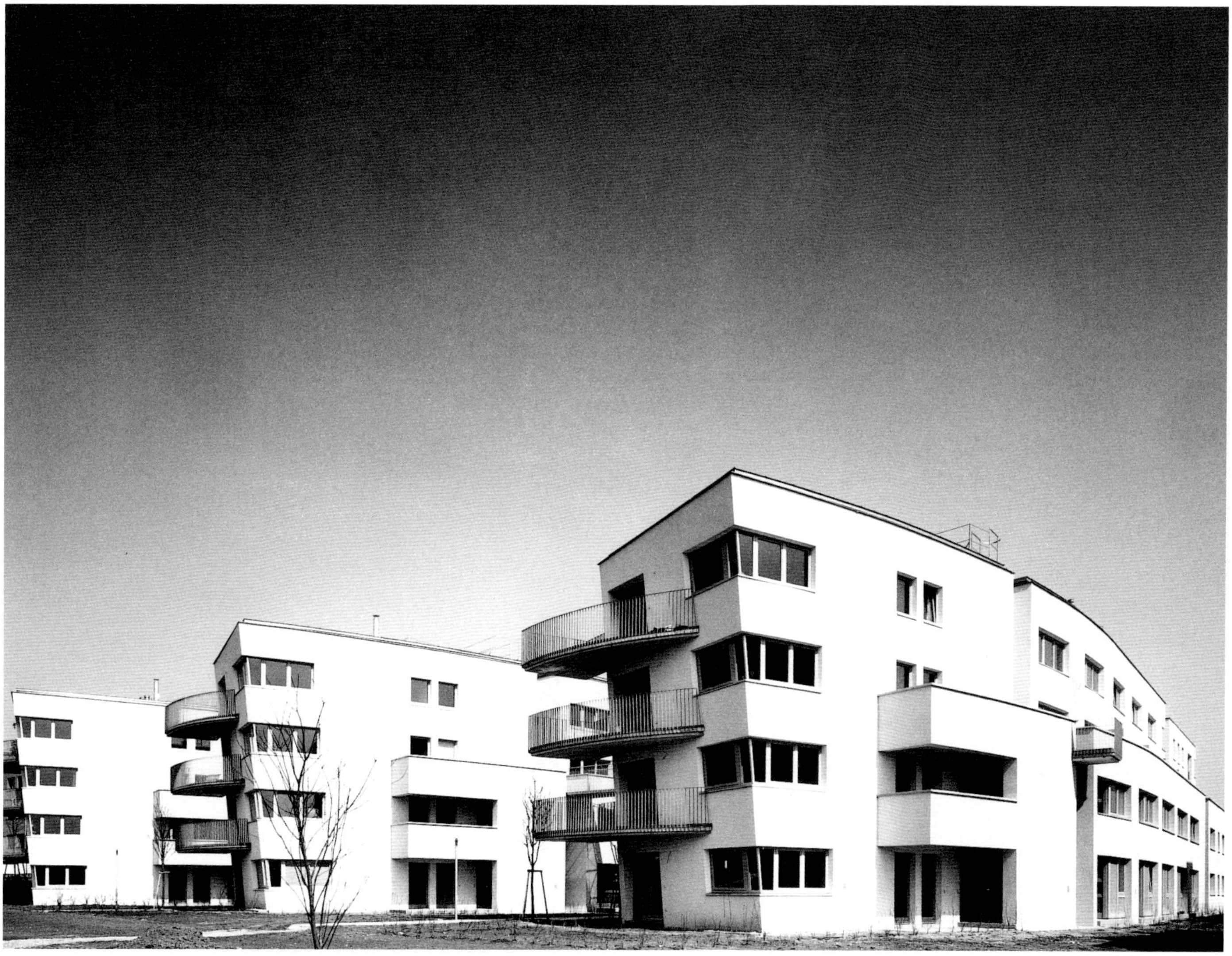

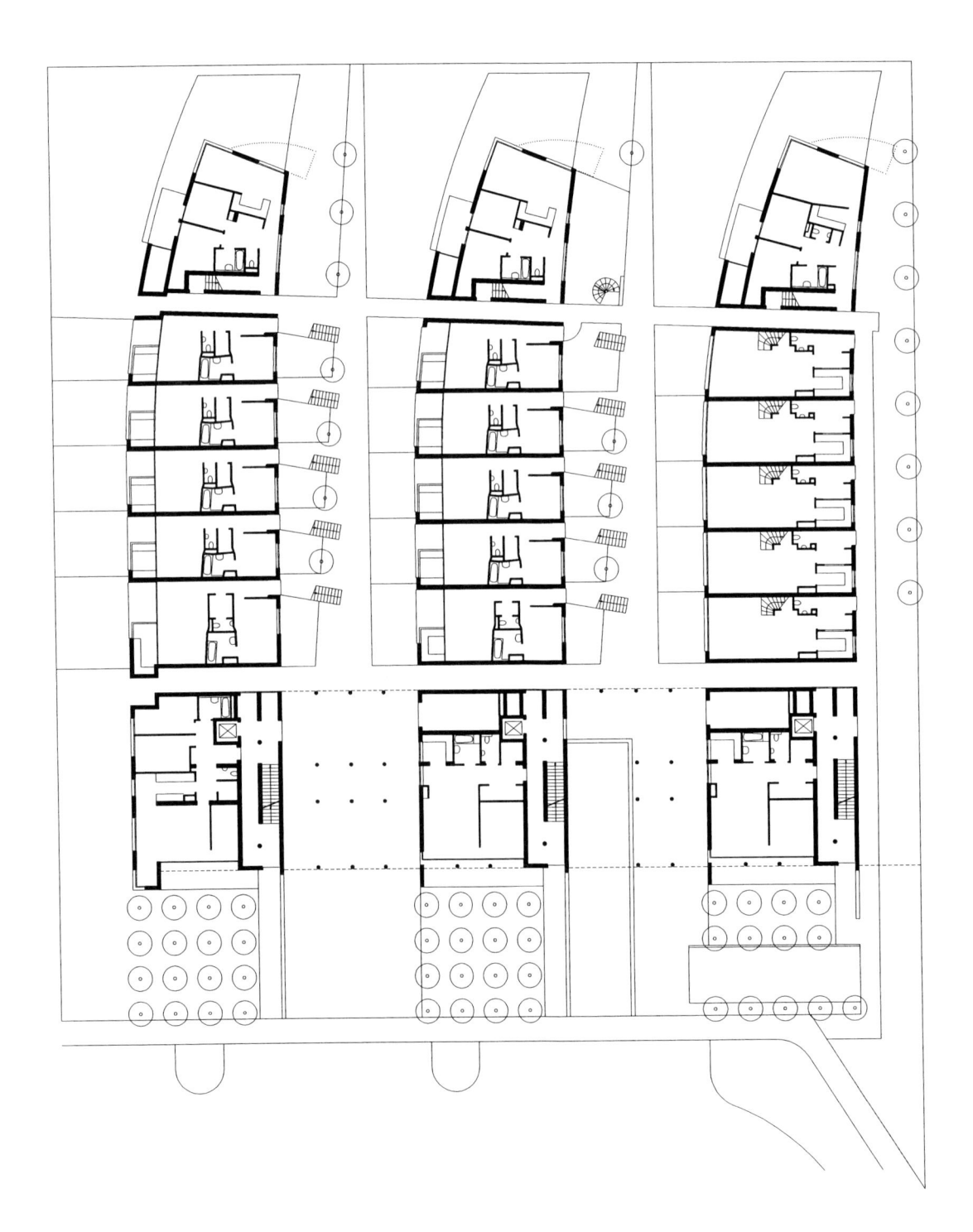

52 | 53

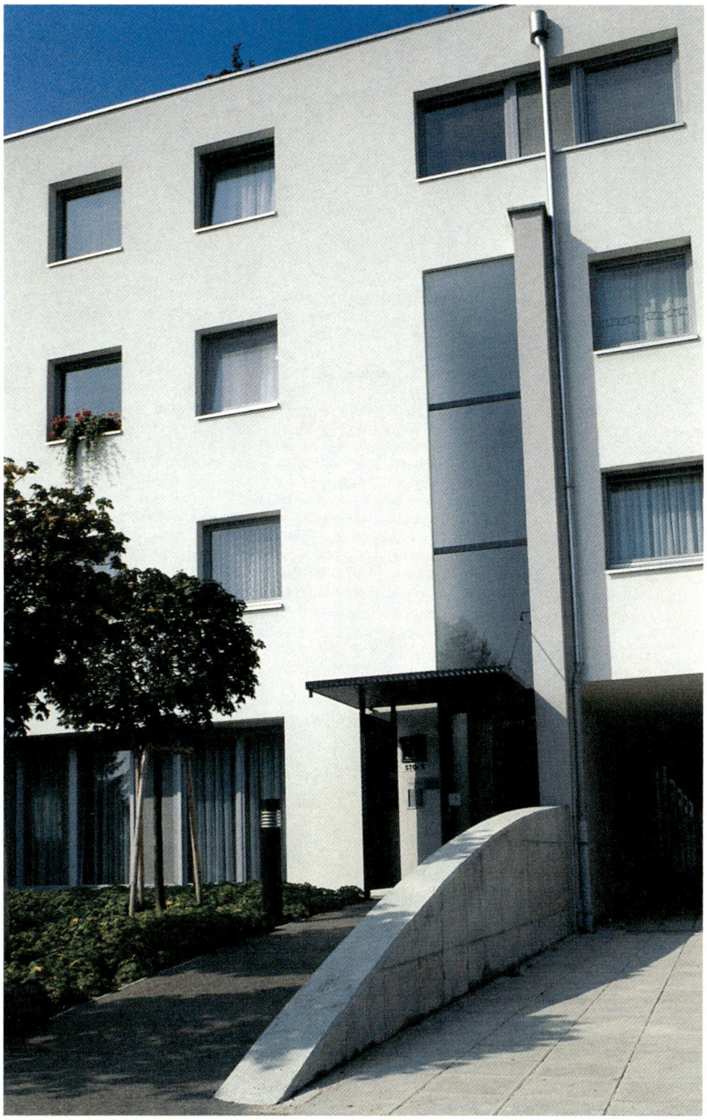

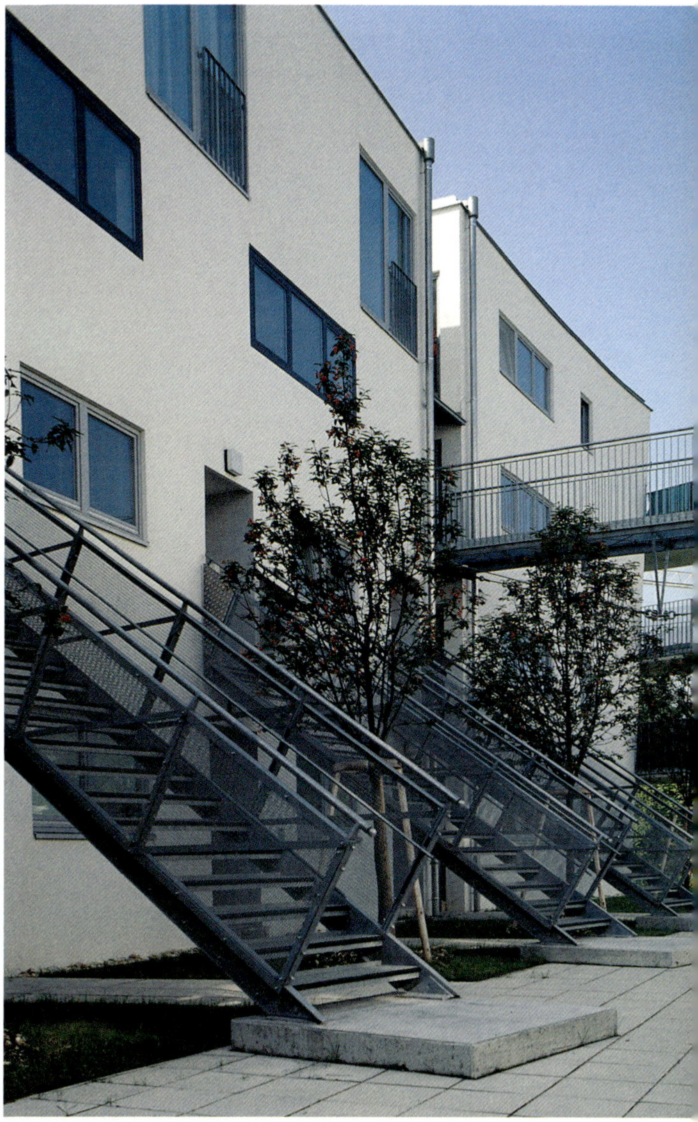

**Kindertagesheim
Süßenbrunner Straße**

**1991–1995
Wien 22, Jakob-Bindel-Platz
Bauherr   Stadt Wien**

Die städtebauliche Aufgabe bestand darin, mit einem verhältnismäßig kleinen Bauvolumen dem großen Platz eine maßstabsgerechte abschließende Front zu geben und neben der Masse der Schule zu bestehen.

Das Kindertagesheim ist eine Hommage an Architekt Franz Schuster. Sein Pavillonsystem des Sonderkindergartens der Gemeinde Wien im Auer-Welsbach-Park aus dem Jahr 1949 wurde übernommen, da es hier auf dem ausreichend großen Grundstück viele Vorteile bot.

Das zweigeschossige, sehr schlanke Hauptgebäude nimmt die Höhe der anschließenden Schule auf.

Im Erdgeschoß sind die zentralen Räume, im Obergeschoß eine Gruppe und der Mehrzweckraum untergebracht. Der in Leichtbauweise errichtete, holzverschalte Zwischentrakt wirkt durch große Glasflächen und durchgehende Oberlichtbänder im Inneren sehr offen und leicht und schließt die in einem sanften Bogen angeordneten fünf Gruppen auf. Garderobe, Sanitärräume und die Süd-Ost orientierten Gruppenräume – freistehende, kleine Häuser – sind jeweils um einen dreiseitig umschlossenen, teilweise überdeckten Spielhof situiert. Es entstehen kleine, geschützte Bereiche, mit denen sich die Kinder identifizieren und in denen sie sich geborgen fühlen.

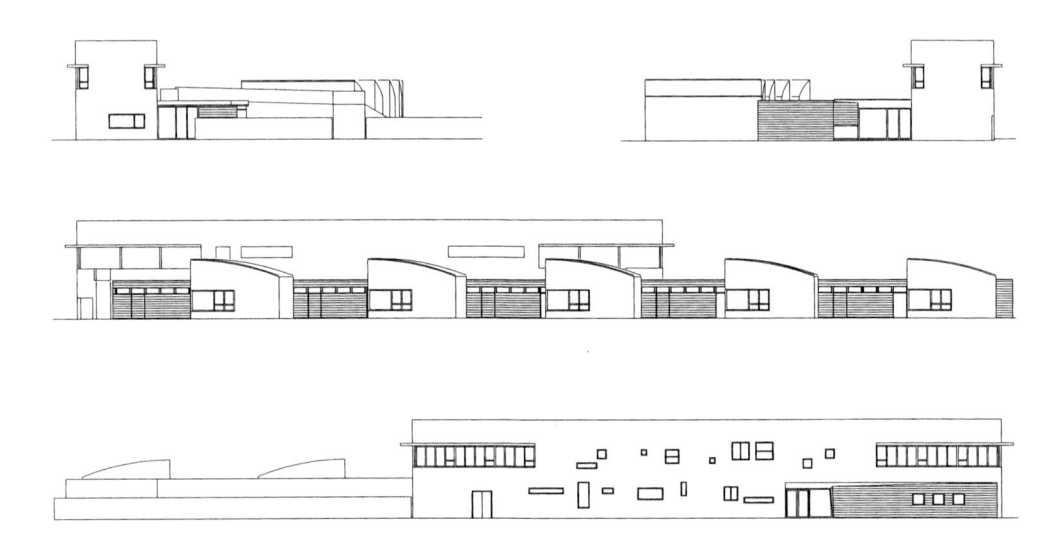

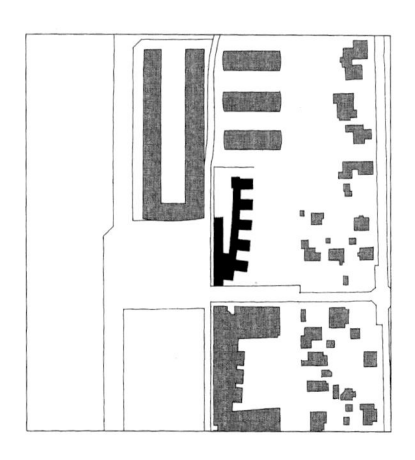

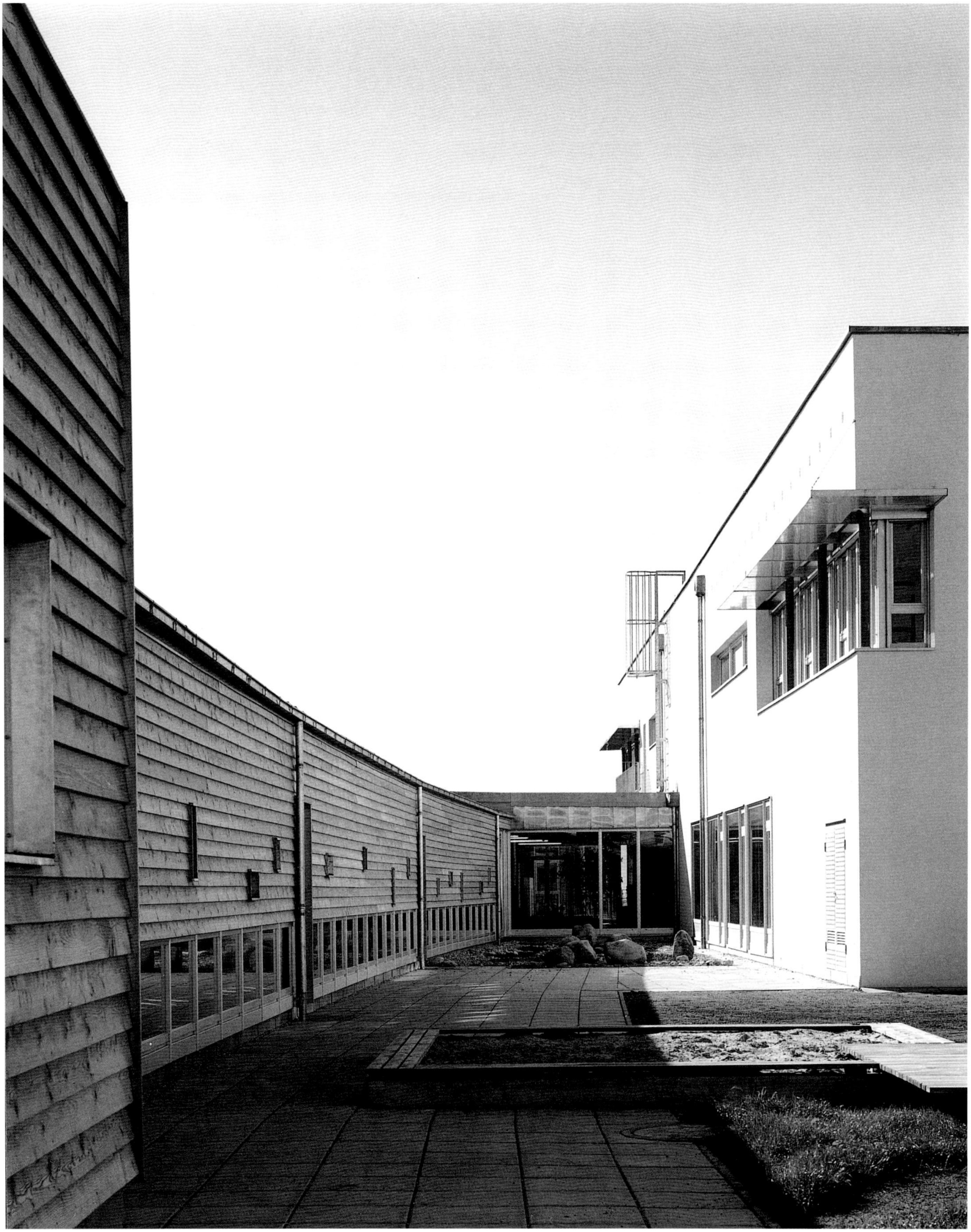

56 | 57

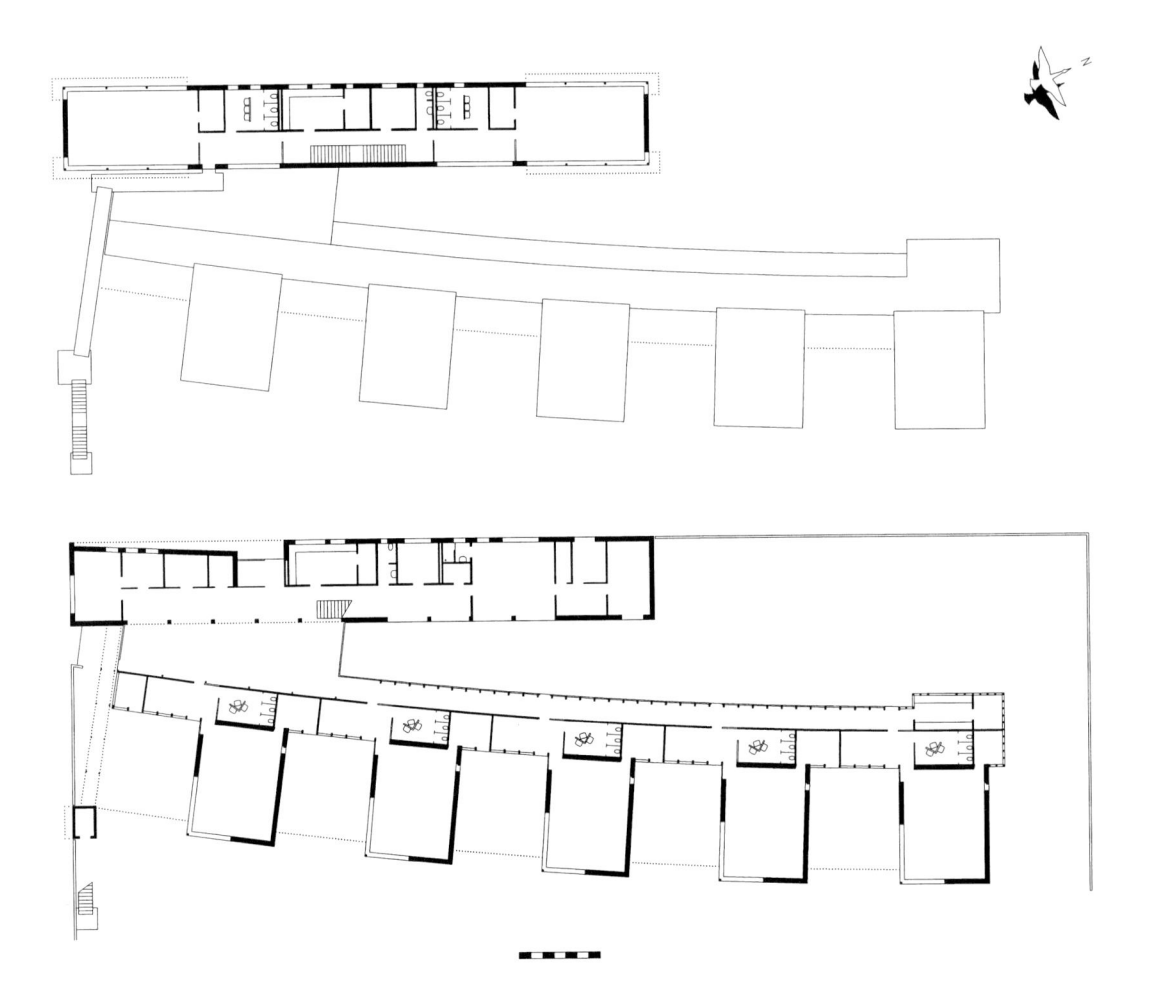

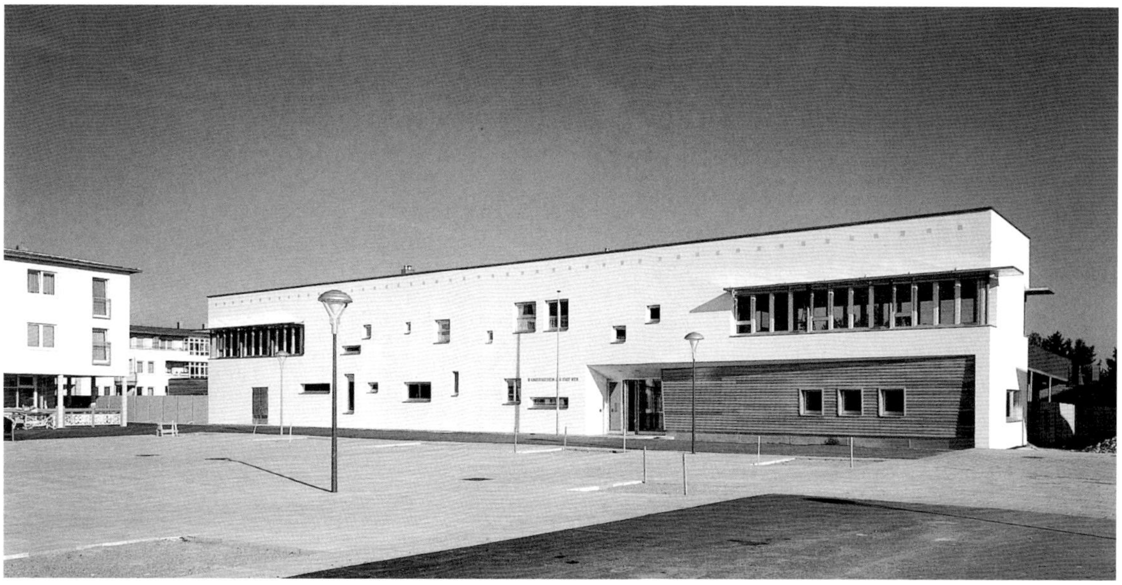

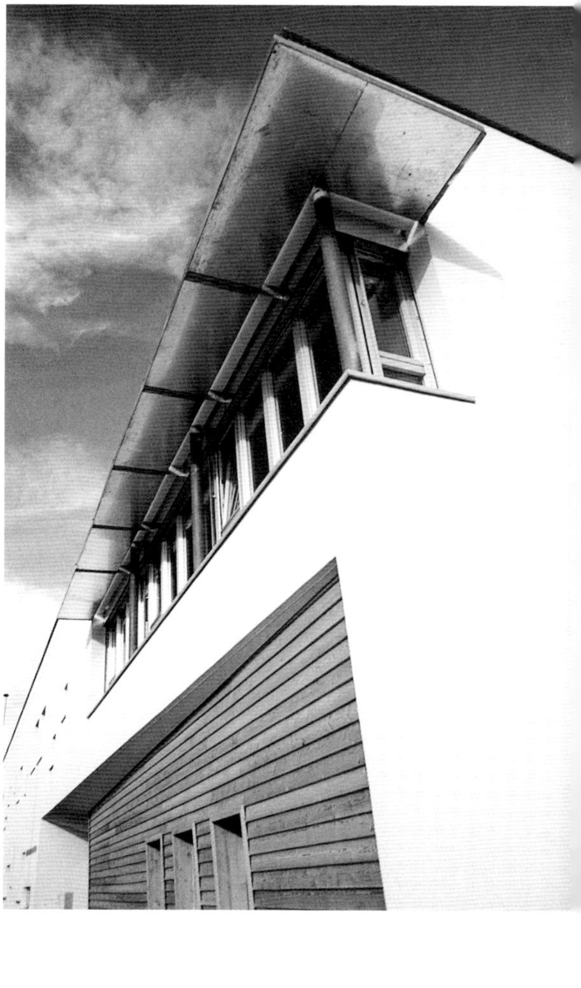

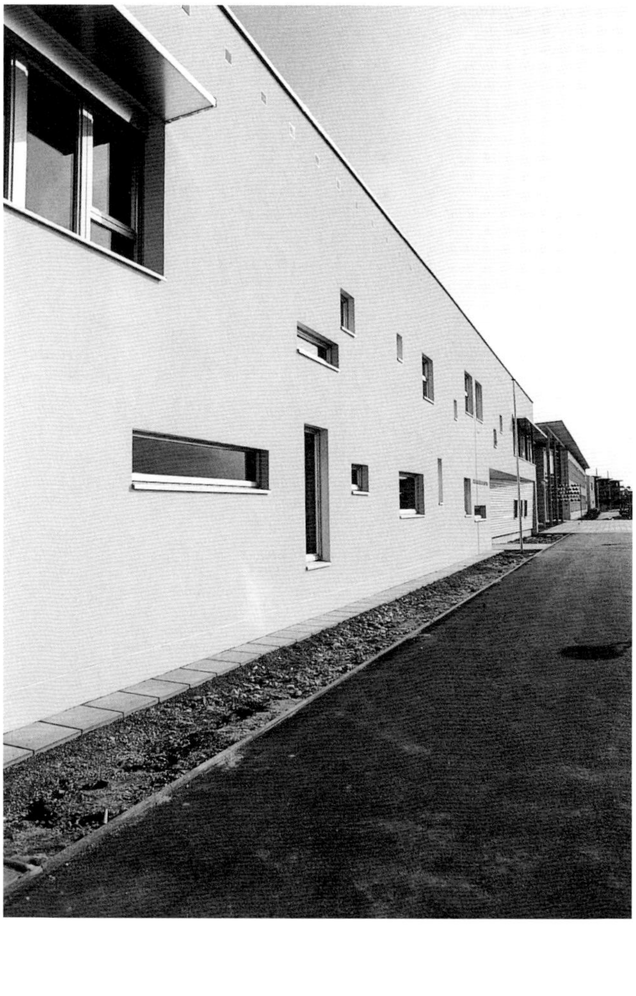

Wohnhausanlage Süßenbrunner Straße

1991–1995
Wien 22, Süßenbrunner Straße 60
Bauherr   Wohnbauvereinigung für
           Privatangestellte
133 Wohnungen
2 Lokale

Die städtebauliche Lösung ist eine Weiterentwicklung und Verdichtung von Otto Häuselmayers Leitprojekt für das „Stadterweiterungsgebiet Östlich Süßenbrunner Straße". In einer großen, übergeordneten Bebauungsstruktur sind die einzelnen Baukörper relativ kleinteilig, abgesehen vom Trakt entlang der Süßenbrunner Straße beträgt die bebaute Fläche jeweils maximal 150 m².

Teilweise verglaste Stiegen und Brücken verbinden die einzelnen Gebäude. Das Erdgeschoß bleibt frei, die Höfe sind nicht abgesperrt, sondern durch ein enges Netz halbprivater Wege und Freiflächen verbunden und durchlässig. Die Staffelung der Baukörper wird durch die Farbgebung betont.

Die schlanken Gebäude bieten querdurchlüftete, helle Wohnungen, in denen auch Nebenräume wie Bäder direkt belichtet sind. Im Hinblick auf die verhältnismäßig geringen Wohnungsgrößen wurde eine Mehrfachnutzung von Räumen angestrebt. So wird bei den südorientierten Gebäuden großteils auf Freiräume wie Loggien, Balkone oder Terrassen verzichtet. Große, raumhohe Schiebefenster machen bei Bedarf den Wohnraum selbst zur Loggia.

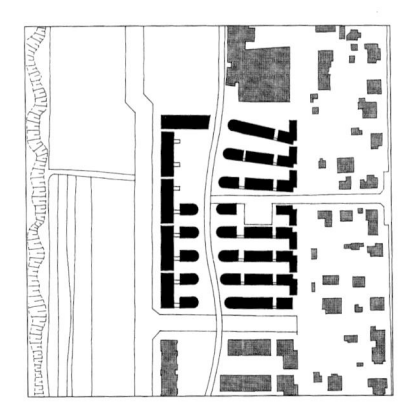

60

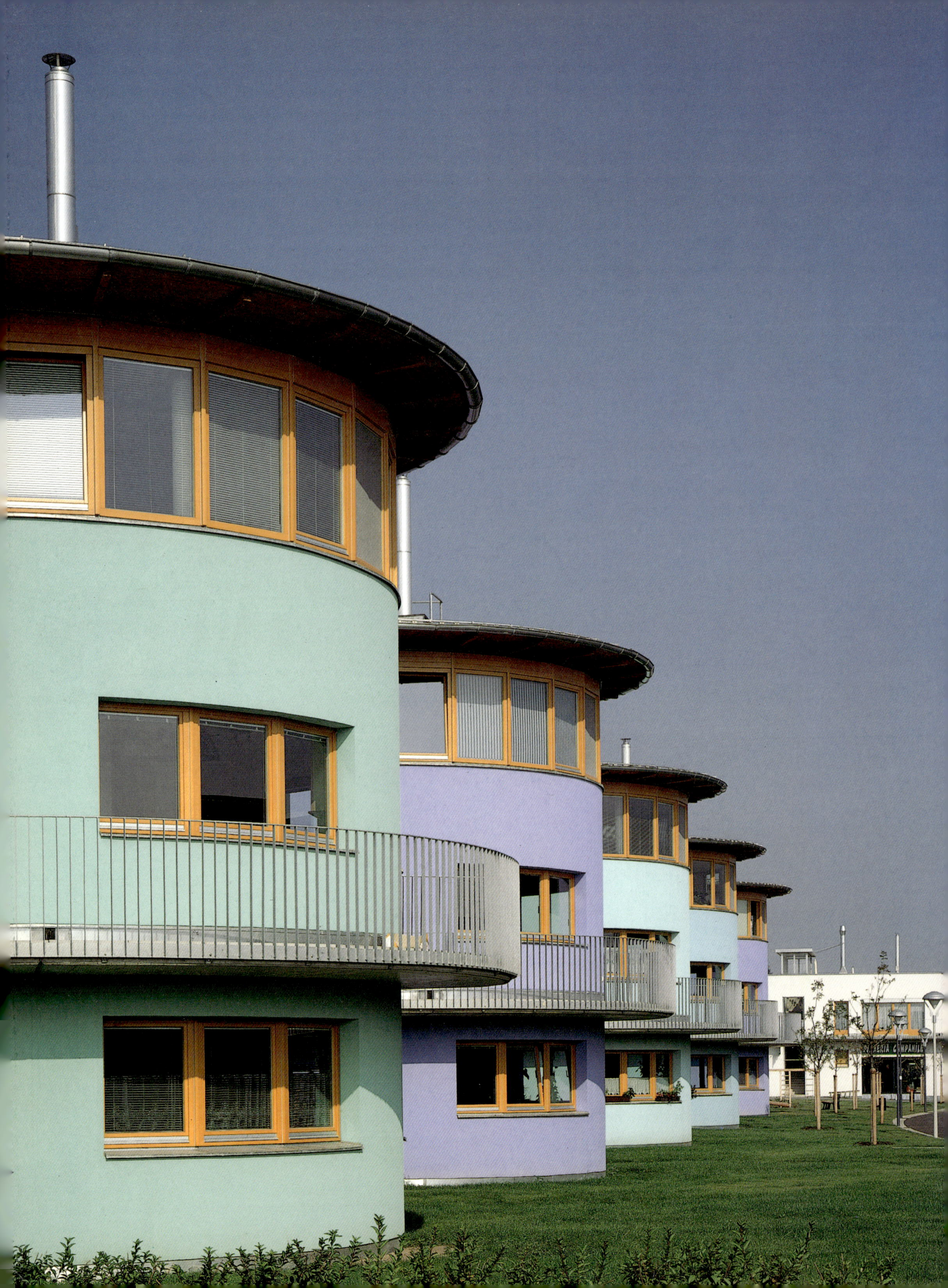

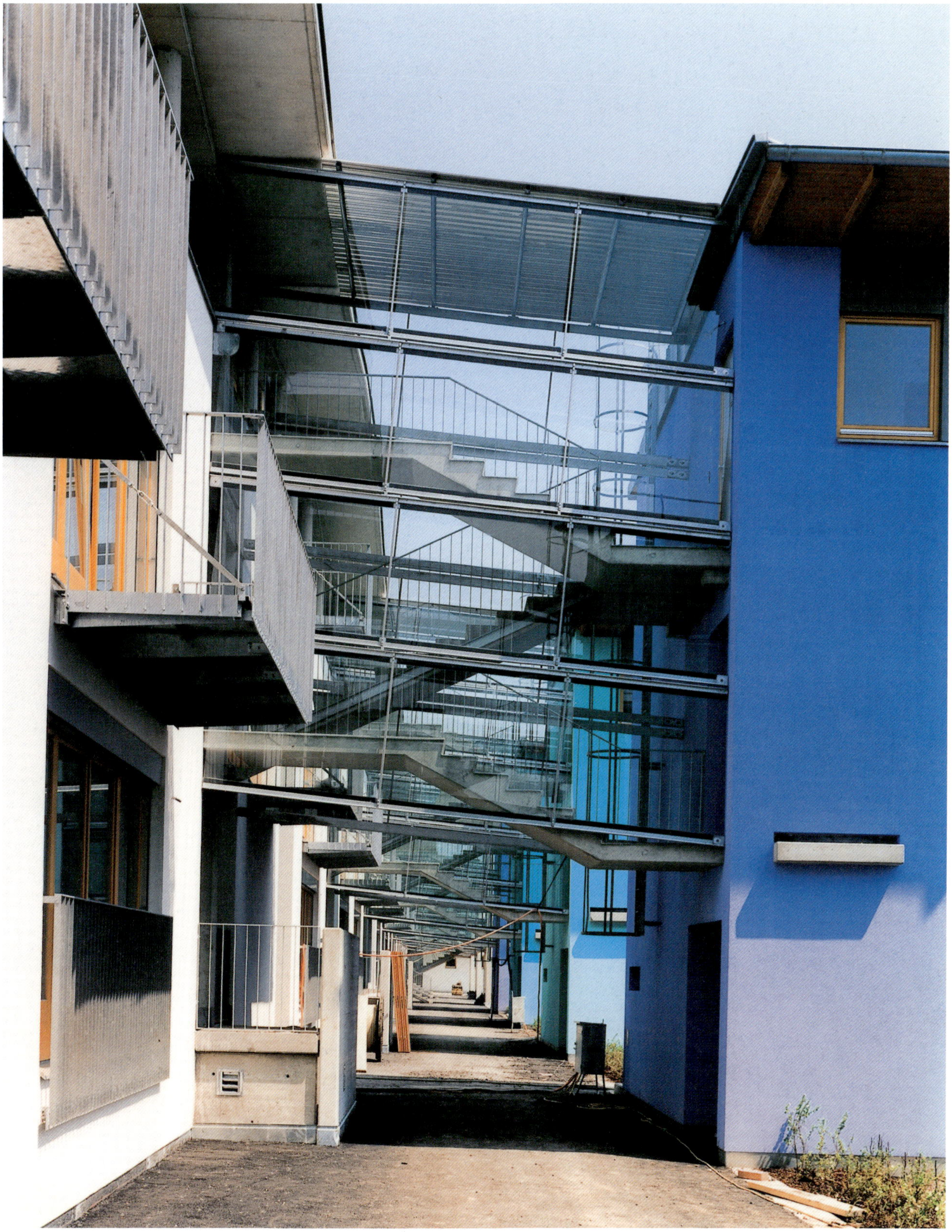

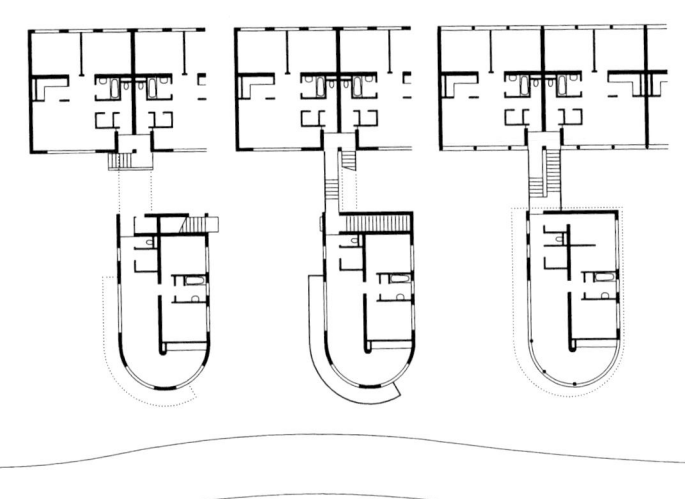

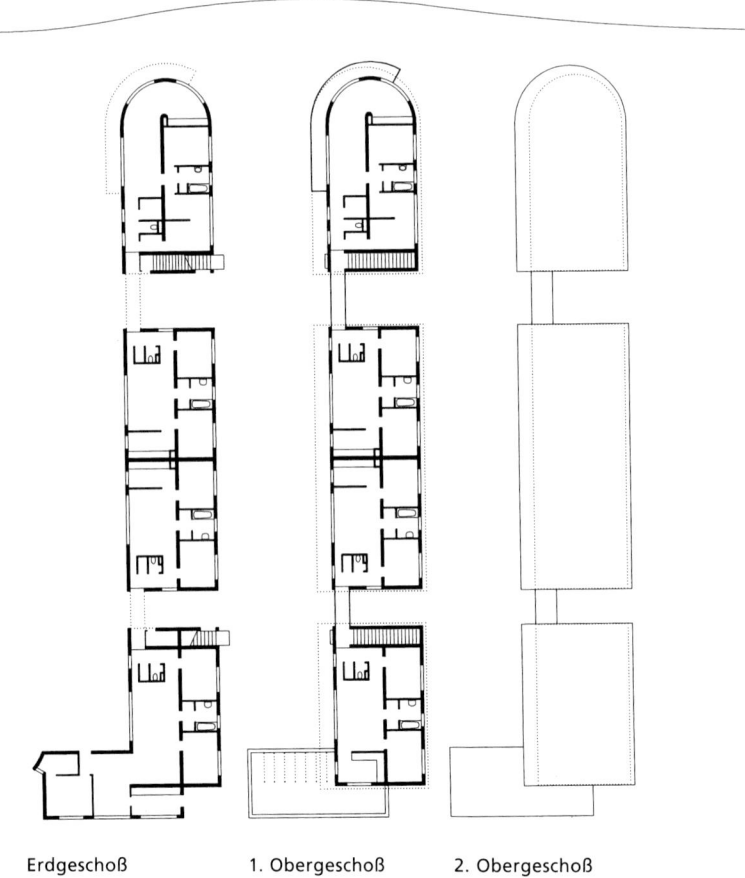

Erdgeschoß   1. Obergeschoß   2. Obergeschoß

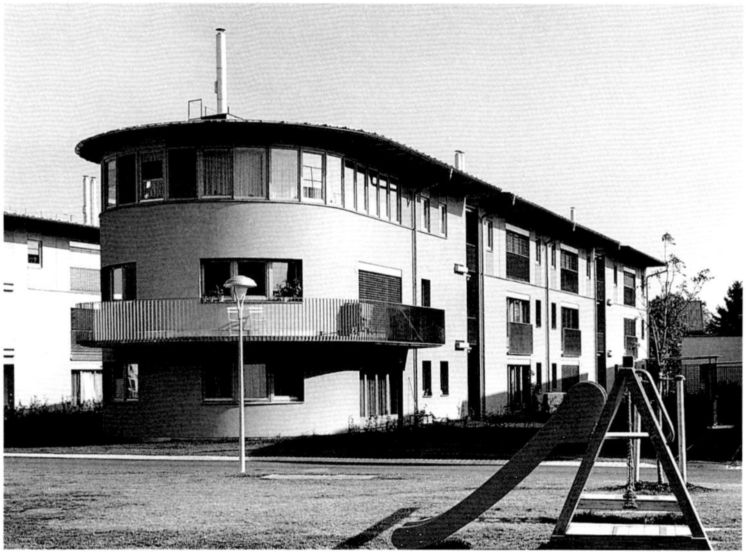

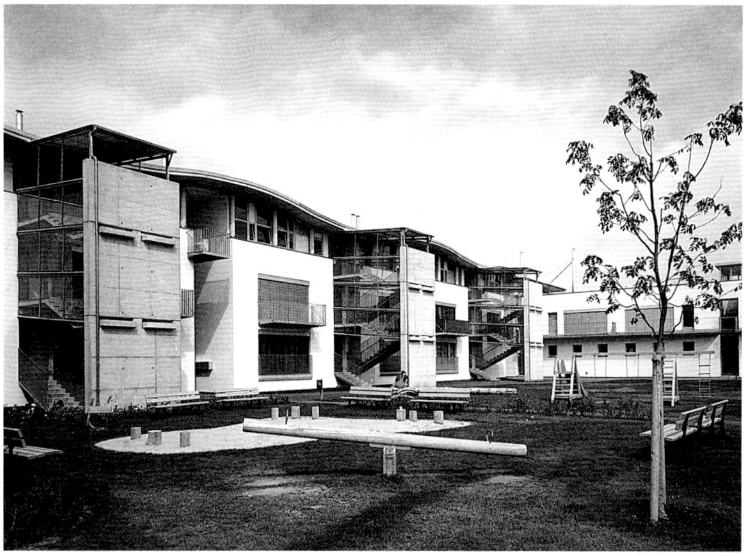

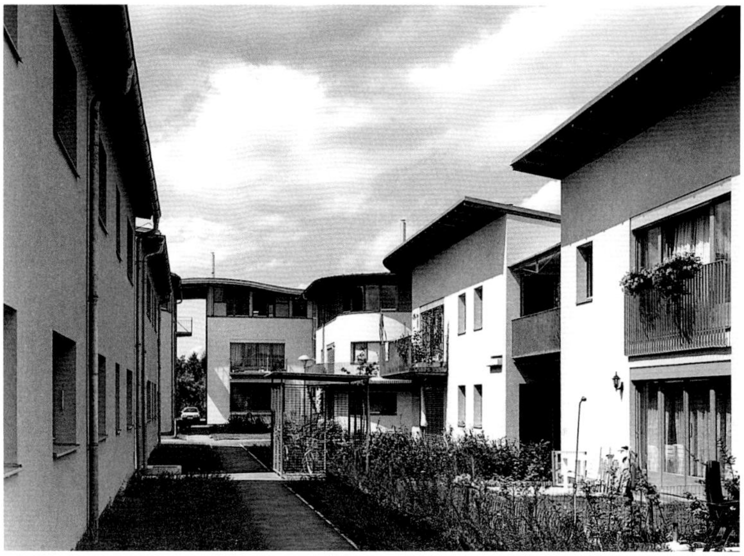

Wohnhausanlage Speichberg

1990–1993
Speichberg, Purkersdorf
Niederösterreich
Bauherr Wohnbauvereinigung für
             Privatangestellte
44 Wohnungen

Das Grundstück liegt eingebettet in eine Hügellandschaft an der Wien, in Purkersdorf. Im Norden wird es von der Tullnerbachstraße und der Westbahn begrenzt.

Drei Baukörper, ein geschwungener (die „Banane"), ein gerader (die „Stange") und ein freistehend vorgestelltes Haus über dreieckigem Grundriß öffnen sich nach Osten und umschließen einen großen grünen Hof, über den die Aufschließung zu den offenen Stiegenhäusern erfolgt.

Die drei Gebäude sind durch Gestaltung, Material und Farbe differenziert. Die Banane ist kleinmaßstäblich und nach Norden gegen den Parkplatz und die Bahn ziemlich geschlossen, zum Hof hin großzügig geöffnet. Die Stange ist mit großen Fenstern und einer durchgehenden Terrasse nach Süden orientiert.

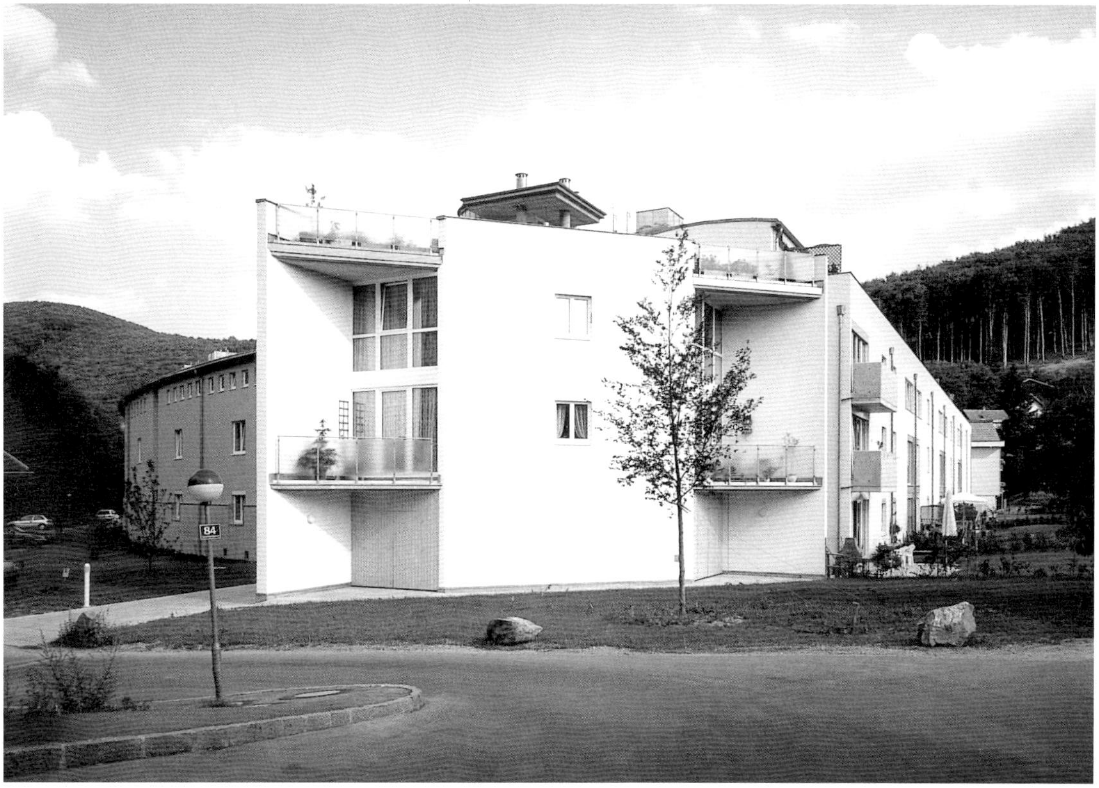
84

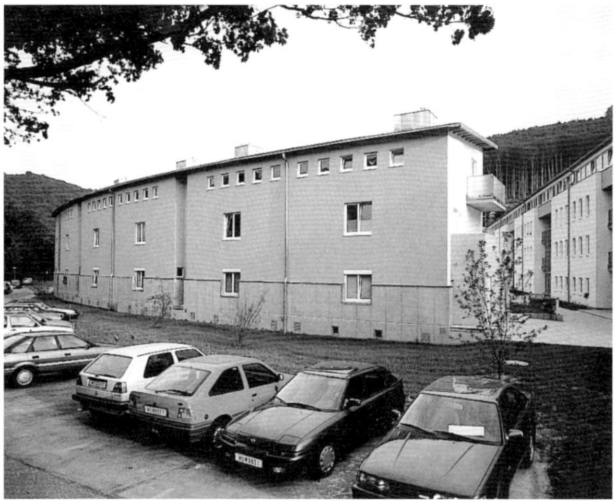

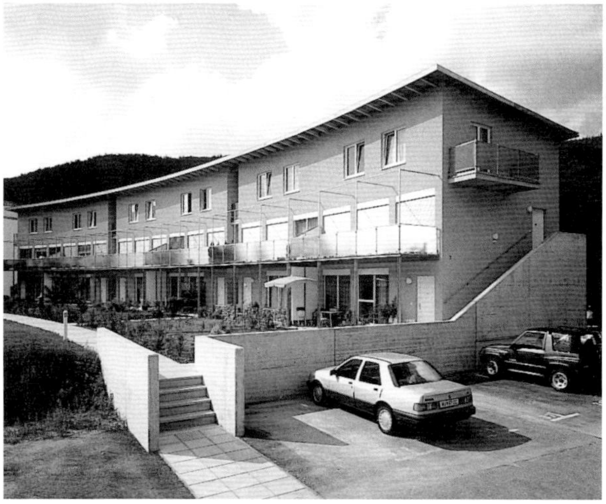

**Revitalisierung
„Zur Ungarischen Krone"**

1990–1992
Wien 7, Kirchengasse 36
Bauherr   Wohnbauvereinigung für
          Privatangestellte
7 Wohnungen
3 Lokale

Das unter Denkmalschutz stehende Gebäude, ein Pawlatschenhaus, bei dem die Stiege gartenseitig als Turm freisteht, stammt aus der Zeit um 1800.

Das Haus wurde „umgedreht", die Wohnräume zur Gartenseite situiert und die Pawlatschen als Freiräume den Wohnungen zugeordnet. Gegenüber dem Stiegenhausturm ist ein Zugangsplatzel ausgenommen. Die Rauchküchen blieben erhalten und sind das Zentrum der durchgebauten Wohnräume.

Im hohen Dachboden sind zwei Maisonetten. Um die Dachfläche nicht durch Gaupen zu zerstören, wurden zwei schmale, von Traufe zu Traufe durchlaufende Fensterbänder eingebaut. Gartenseitig ist aus dem Dach eine große Terrassenfläche geschnitten. Hier erfolgt der Zugang zu den sehr offenen, hellen Wohnungen. Durch die galerieartige Ausbildung ist die Großform des Daches auch im Inneren erlebbar.

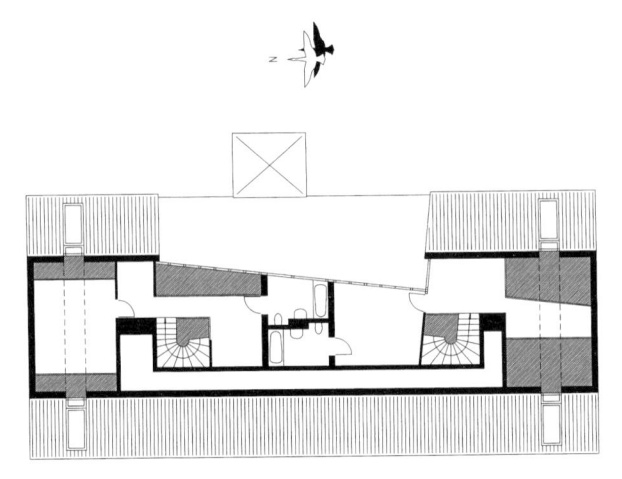

Galerie

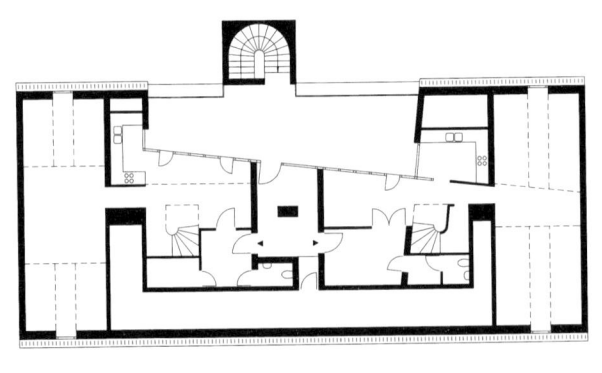

Dachgeschoß

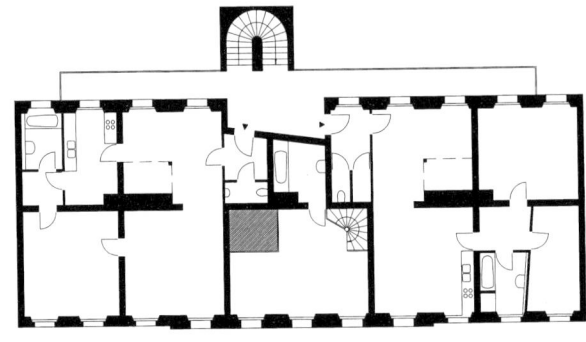

2. Obergeschoß

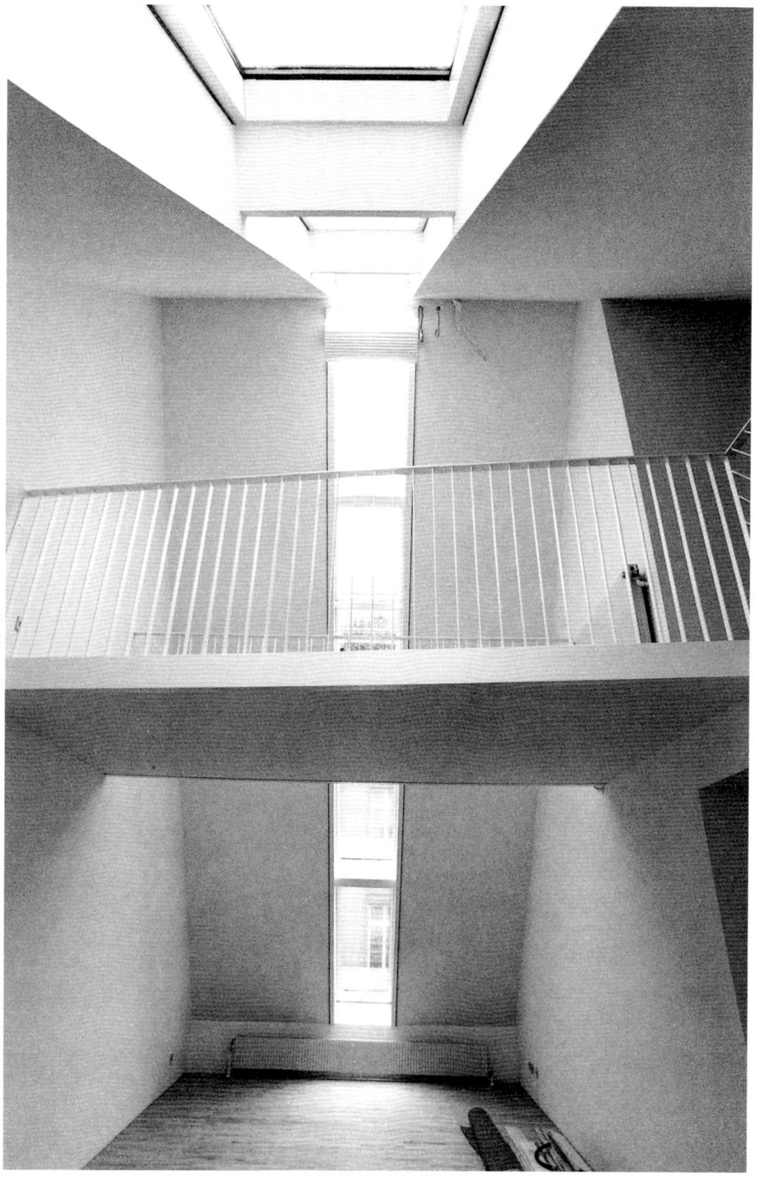

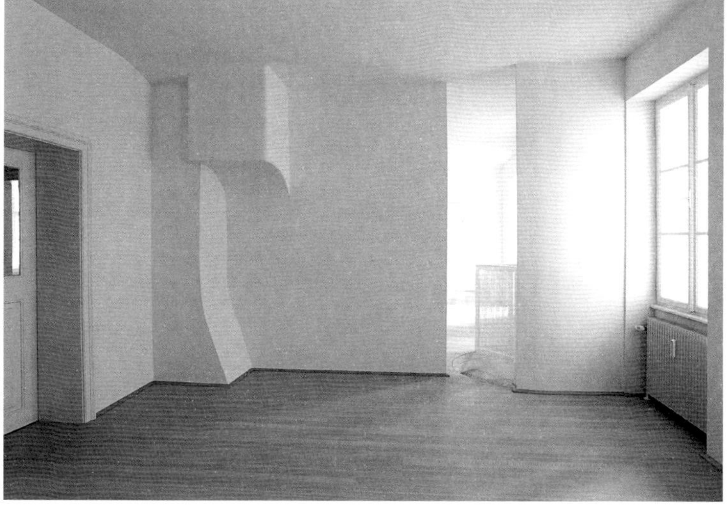

Schule Wenzgasse

1989–1995
Wien 13, Wenzgasse /
Larochegasse / Eitelbergergasse
Bauherr BIG Bundesimmobilien GesmbH

Der „Altbau" in der Larochegasse wurde 1909 als öffentliches Mädchen-Lyzeum errichtet. Die Erweiterung 1930–1932 von den Architekten Siegfried Theiss und Hans Jaksch mit Klassentrakt, Kindergarten und Turnhalle ist eines der seltenen Beispiele der „Neuen Sachlichkeit" in Wien. Anfang der siebziger Jahre wurde ein zweiter Turnsaal in der Larochegasse und parallel zur Eitelbergergasse ein weiterer Klassentrakt errichtet.

Spezifisch für die Schulanlage waren die verschiedenen, in ihrer Charakteristik weitgehend erhaltenen Bauabschnitte. Unser Entwurf betont diese Situation. Die Gebäude des Bestands wurden in Material und Detailgestaltung wieder möglichst in ihren ursprünglichen Zustand gebracht. Besonders beim Trakt von Theiss & Jaksch konnten einige Sünden der letzten Jahrzehnte repariert werden.

Wegen des schlechten Bauzustandes wurde der Klassentrakt Eitelbergergasse durch einen Neubau ersetzt. Das langgestreckte, viergeschossige Gebäude liegt mit der Schmalseite an der Larochegasse zwischen Altbau und Turnsaal. Die Straßenfront zeigt den vertikalen Bewegungsraum. Eine als Rückgrat wirkende Längsscheibe betont die Richtung des Baukörpers in die Tiefe. Die Scheibe ist in allen Geschossen innen und außen sichtbar, im ersten und zweiten Obergeschoß kragen nach Westen hin die Gänge als transparente Körper aus. Die Ostfassade zum Hof ist als Anwort auf den Bestand eine geputzte Lochfassade. Von einem überdeckten Vorplatz gelangt man in den hohen, offenen Raum mit Hauptstiege und Galerien, der durch einen bis zum Glasdach durchgehenden Luftraum vom historischen Bestand abgesetzt ist.

In der tiefen Erdgeschoßhalle sind zum Hof hin Bibliothek und Musikraum situiert. Am Ende liegt der Mehrzweckraum, der bei Bedarf durch Schiebe- und Hubwände sowohl in die Halle als auch in den Garten erweitert werden kann.

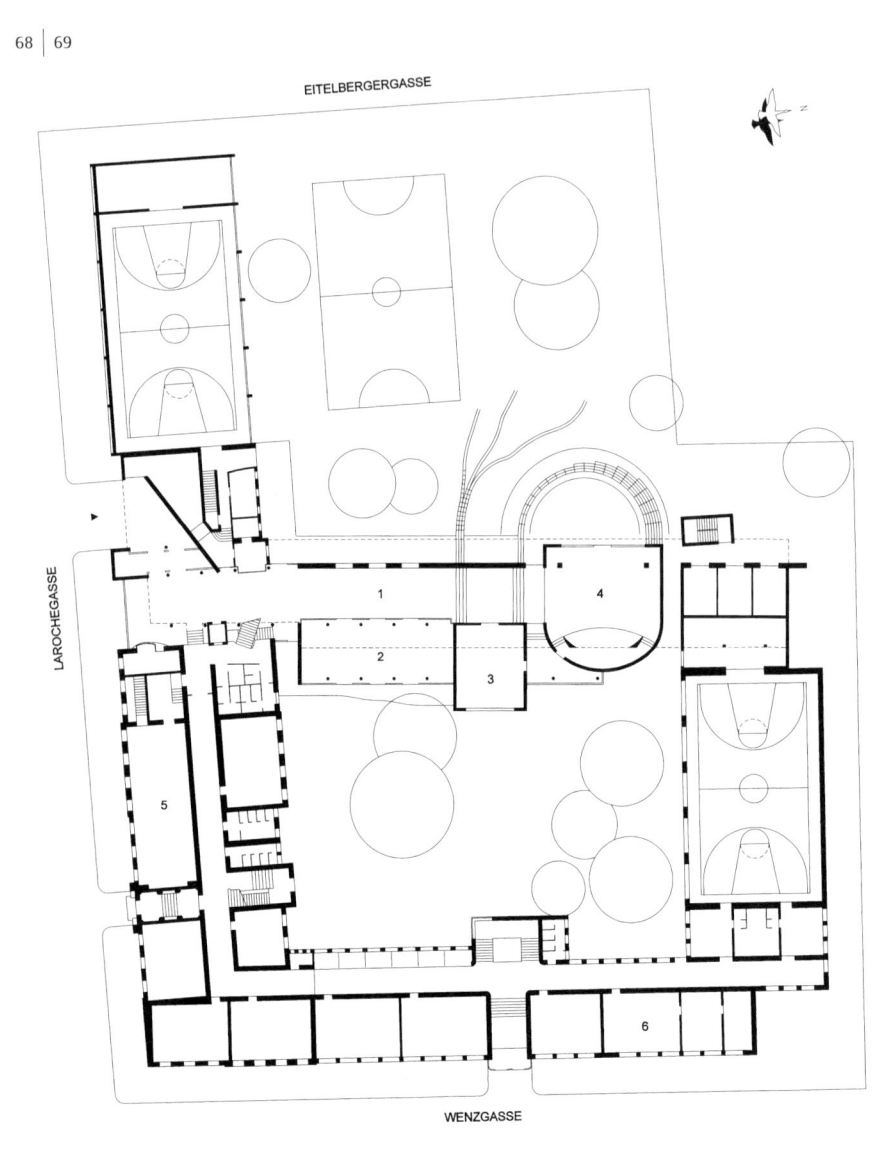

1 Halle
2 Bibliothek
3 Musik
4 Mehrzweckraum
5 Gymnastiksaal
6 Kindergarten

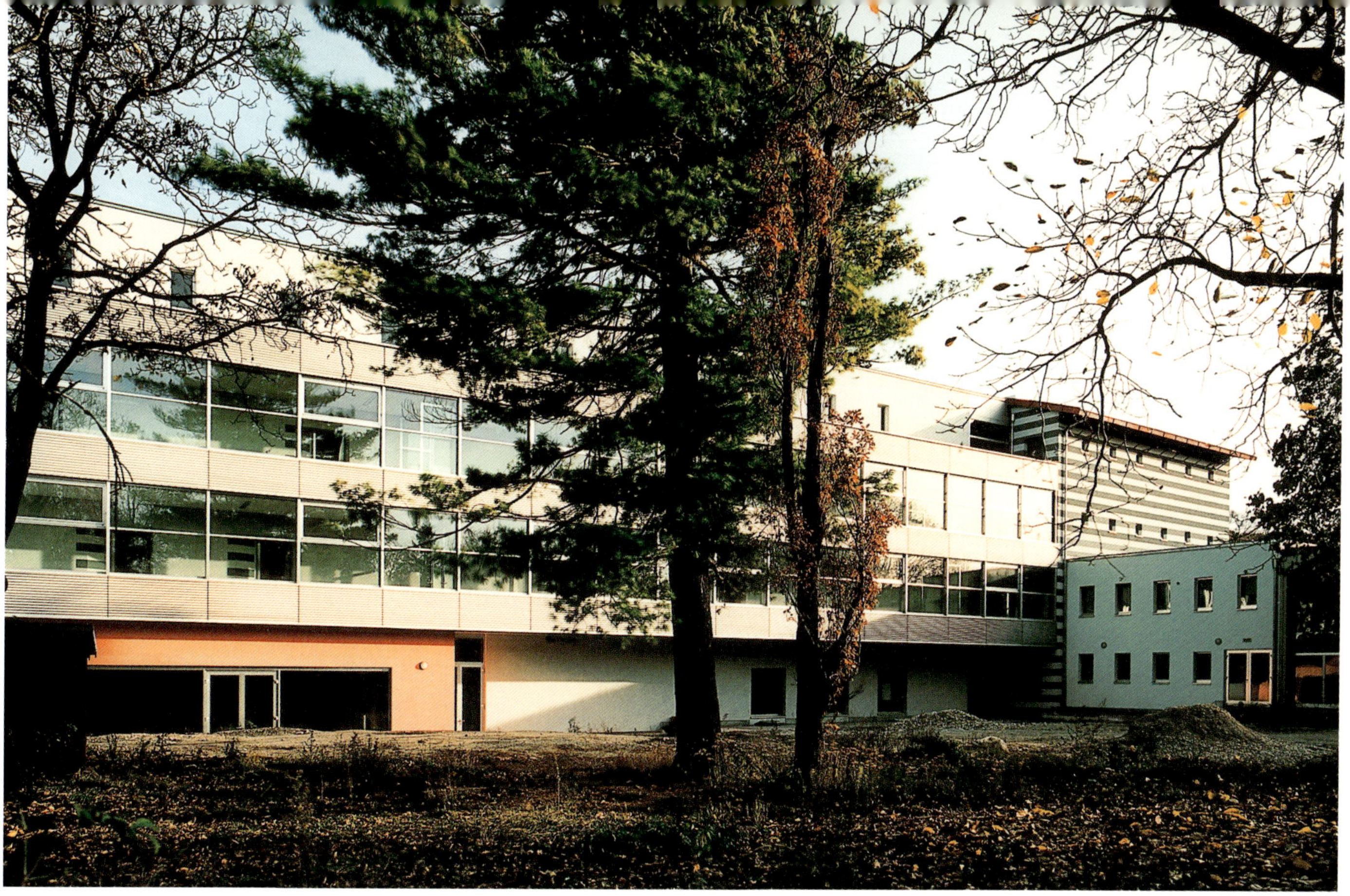

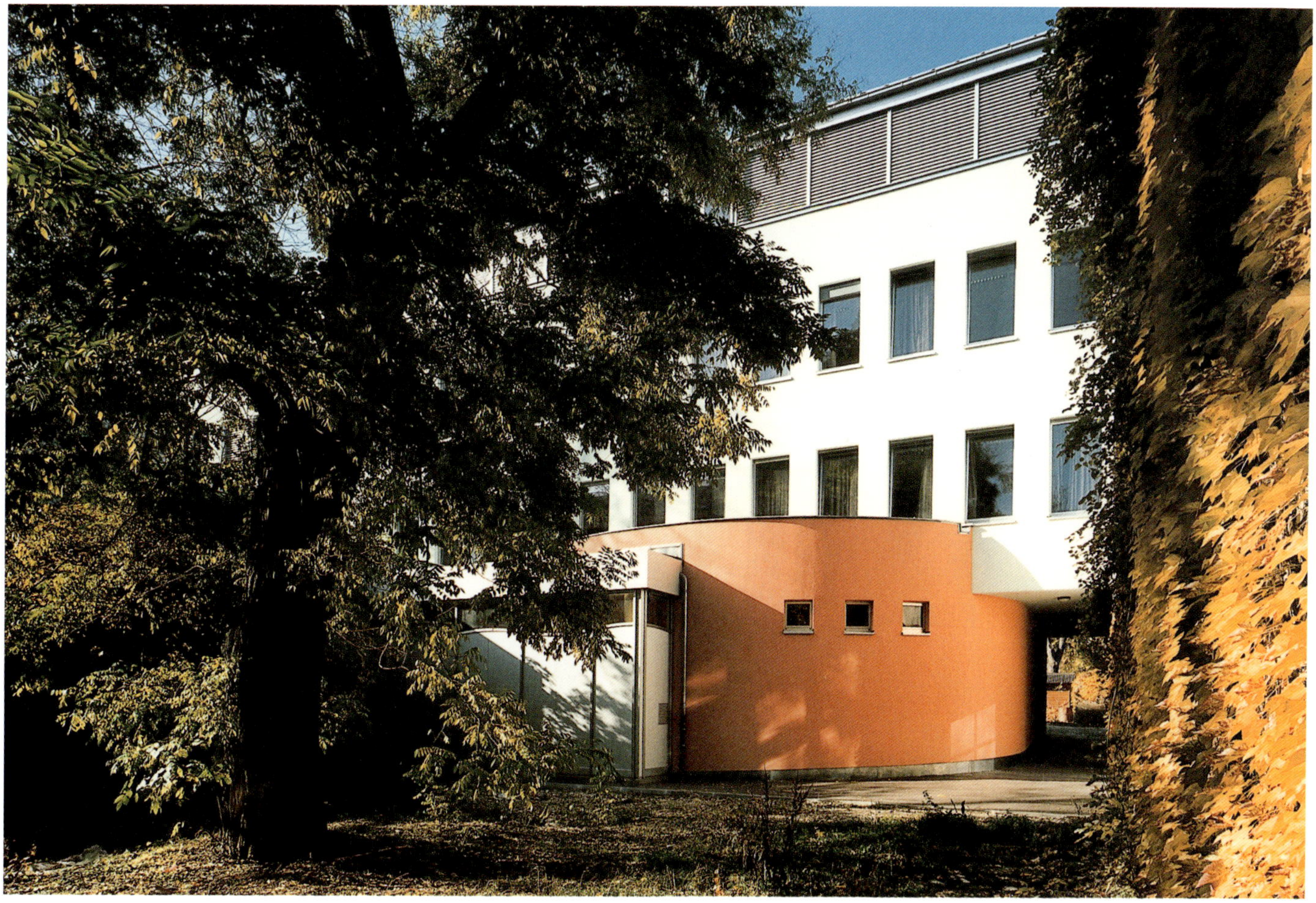

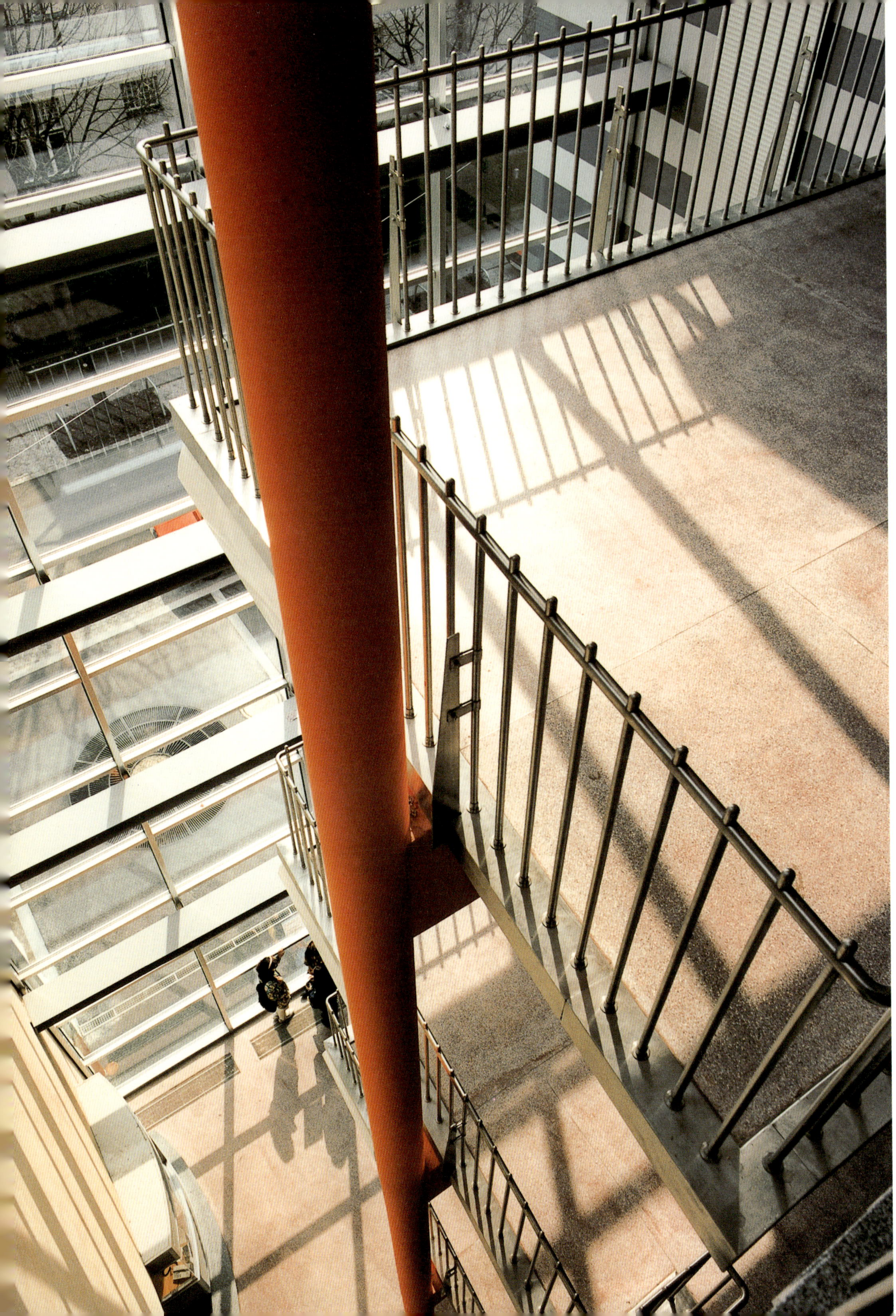

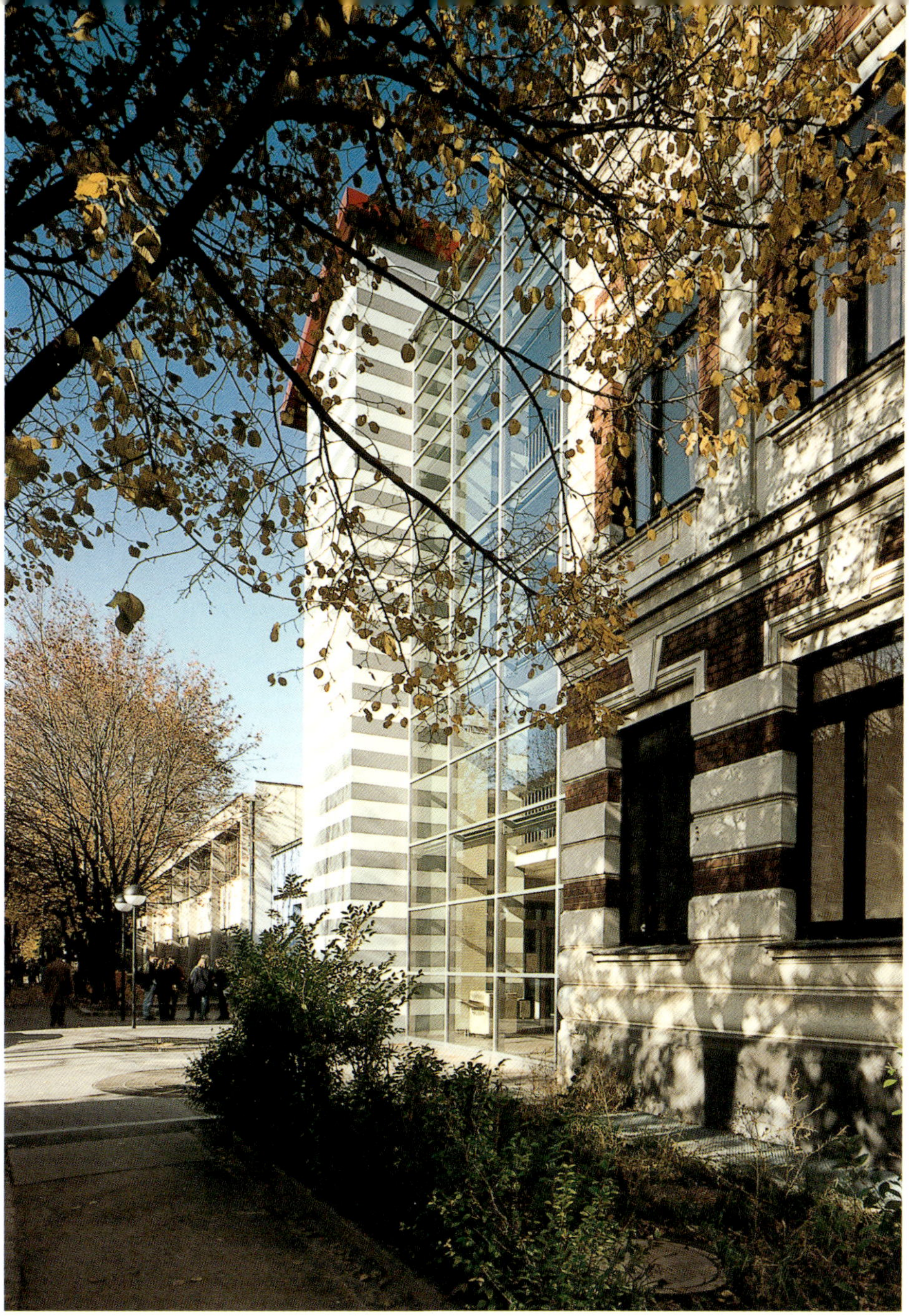

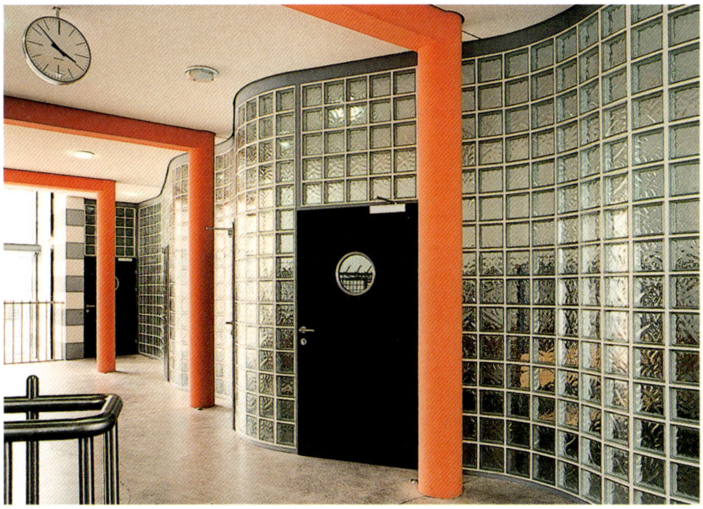

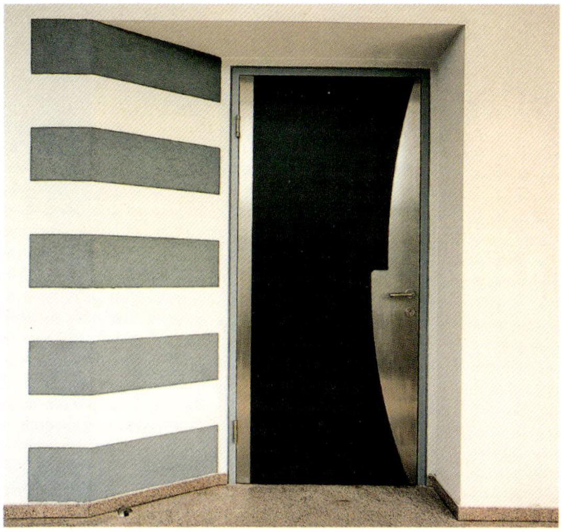

Kindertagesheim Mühlgrundweg

1989–1994
Wien 22, Hardeggasse 69
Bauherr Stadt Wien

Für das dreigruppige Kindertagesheim stand im Rahmen der Wohnhausanlage Mühlgrundweg nur ein verhältnismäßig kleines Grundstück an der Hardeggasse zur Verfügung.

Der lange, schlanke Baukörper wird durch eine das gesamte Gebäude durchschneidende und übergreifende, orangerote Wellenwand geteilt.

Im nördlichen Teil sind Aufschließung und Nebenräume, im südlichen die Gruppenräume und eine große Spielterrasse im Obergeschoß. Im Untergeschoß ist ein Bewegungsraum untergebracht.

Das Spielerische der Wellenwand wiederholt sich bei den Fenstern der Nordfront.

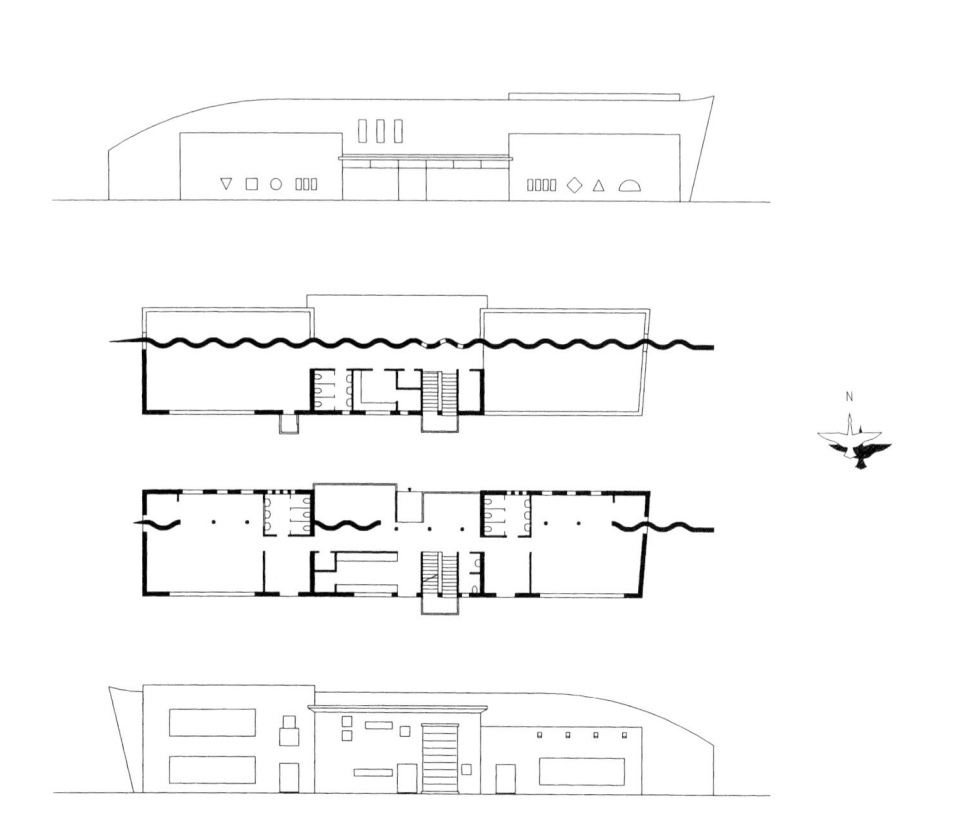

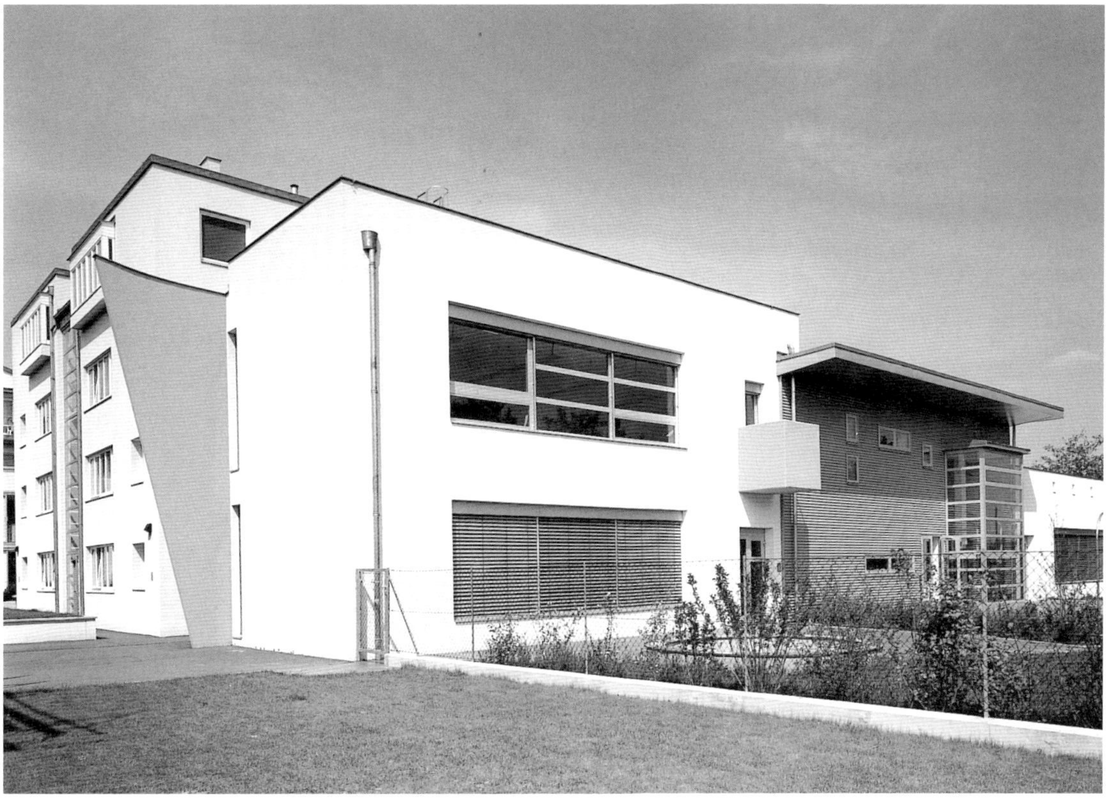

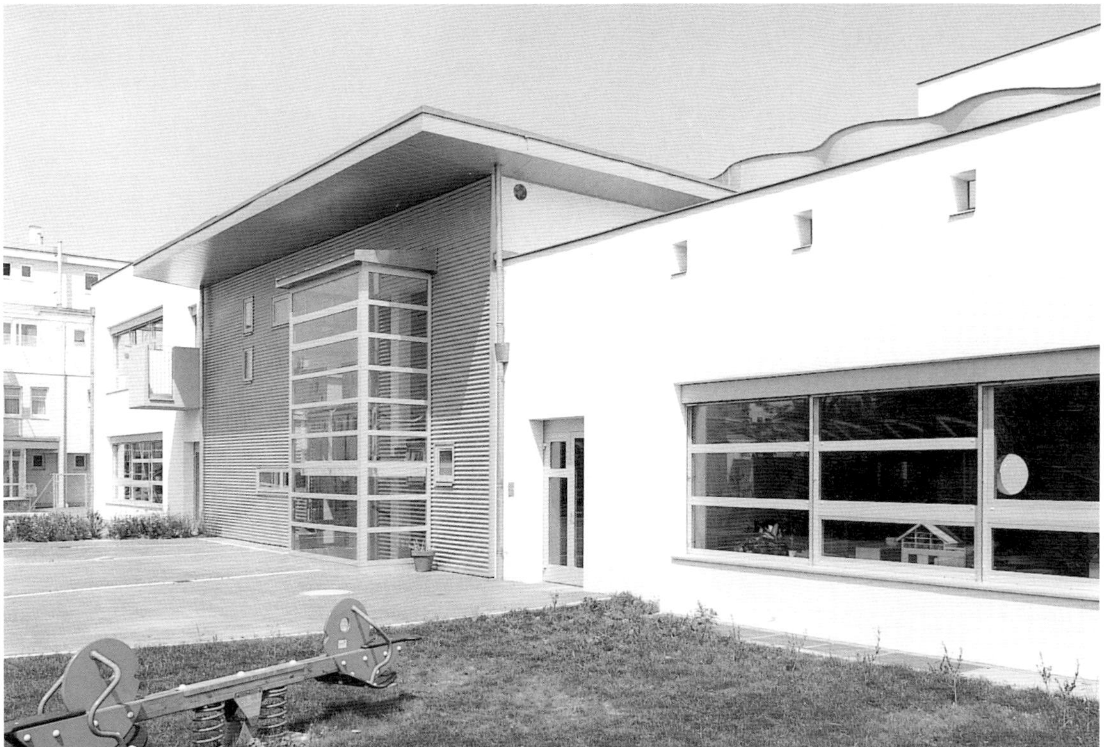

Wohnhausanlage Mühlgrundweg

1989–1994
Wien 22, Hardeggasse /
Mühlgrundweg
Bauherr   Wogem und Neues Leben
181 Wohnungen
28 Reihenhäuser
10 Lokale
Kindertagesheim

In einem Gutachterverfahren wurde unser Bebauungsvorschlag als Leitprojekt ausgewählt. Mit der Planung der einzelnen Bauteile wurden neben uns die Architekten Hilde Filas, Paul Katzberger, Walter Stelzhammer und Bernd Wilda betraut.

Die Wohnhausanlage Mühlgrundweg nimmt den in der Siedlung Othellogasse formulierten Gedanken der nach außen offenen Anlage und eines auch für die Umgebung nutzbaren öffentlichen Raumes auf.

Von der Hardeggasse entwickelt sich ein schmaler Platz in die Tiefe der ganzen Anlage, der eine Verbindung zu dem westlich anschließenden großen Bauerwartungsland bildet. Nördlich wird der Platz von einer Reihe viergeschossiger Wohnhäuser mit vorgelagerten, angehobenen kleinen Gartenflächen begleitet (die Einzäunungen waren nicht geplant, aber leider nicht zu verhindern). Südlich steht an der Hardeggasse als Kopf und Eingang das signifikante dreigeschossige „Pizza-Haus", das in der Platztiefe eine Fortsetzung in zweigeschossigen, Alu-verkleideten „Boxen" findet, die für gemischte Nutzungen vorgesehen sind. Im Erdgeschoß befinden sich kleine Geschäftslokale sowie Müll- und Kinderwagenräume. Das Obergeschoß ist als Erweiterung dieser Lokale oder für Kleingewerbe, Büros oder ähnliches vorgesehen.

Nach Süden setzt sich die Anlage mit jeweils einen Hof umschließenden Gebäudegruppen und mit Reihenhäusern am Mühlgrundweg fort. Ein dreigruppiges Kindertagesheim mit kleinem Spielhof liegt an der Hardeggasse.

Die Tiefgarage unter dem Platz wird durch drei große abgesenkte Höfe gegliedert und natürlich belichtet.

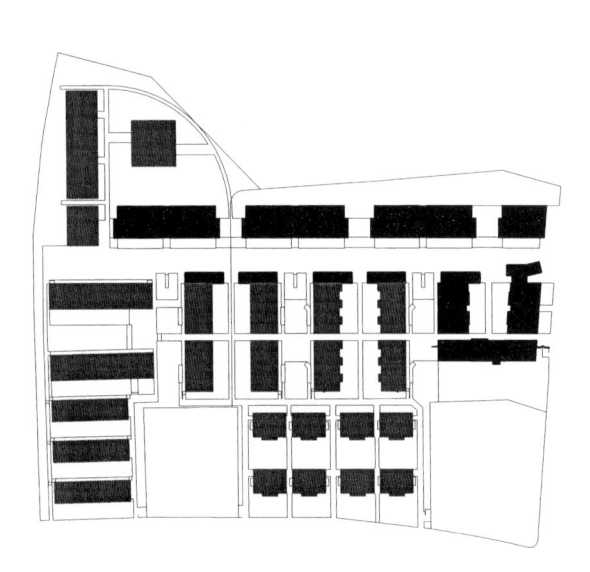

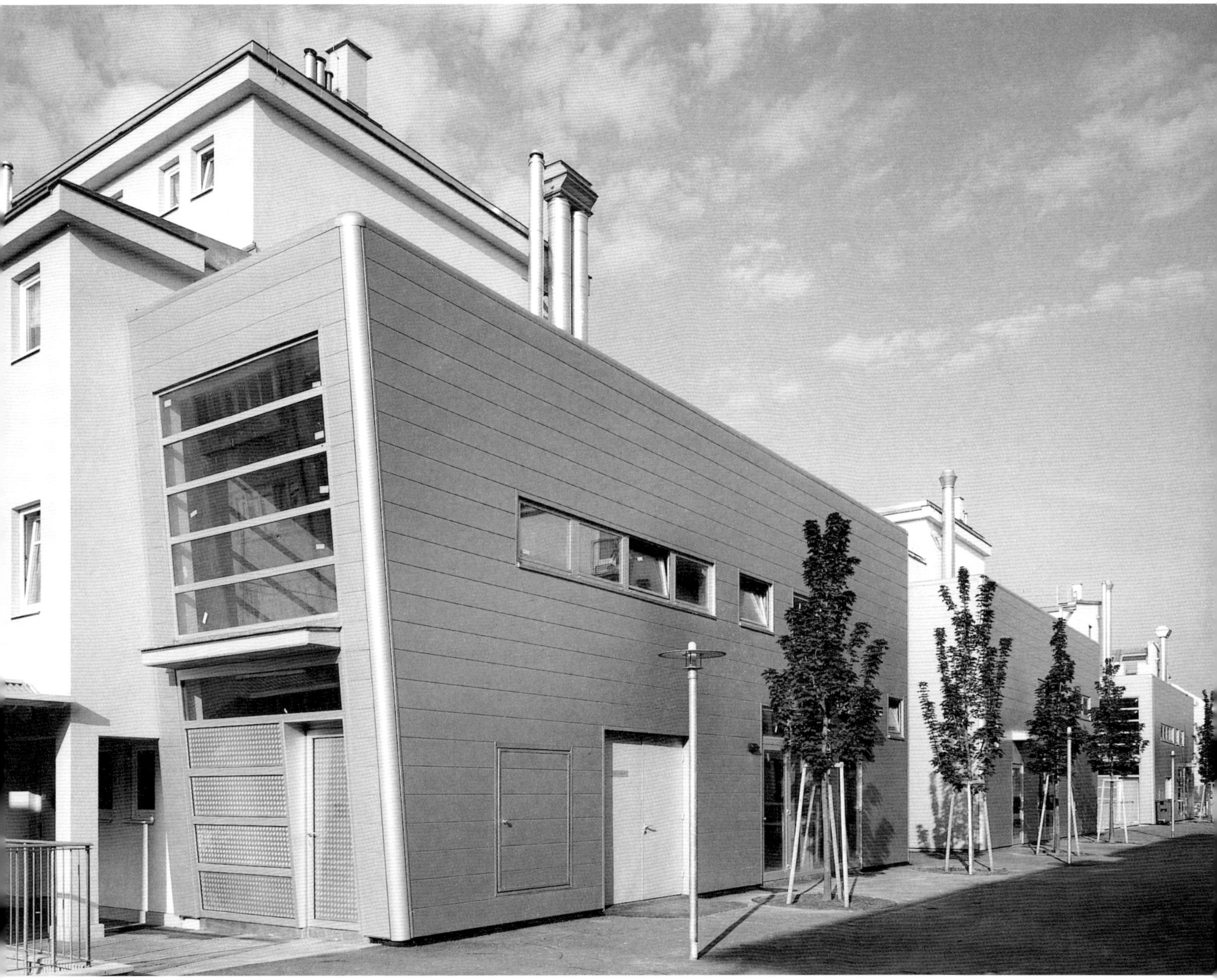

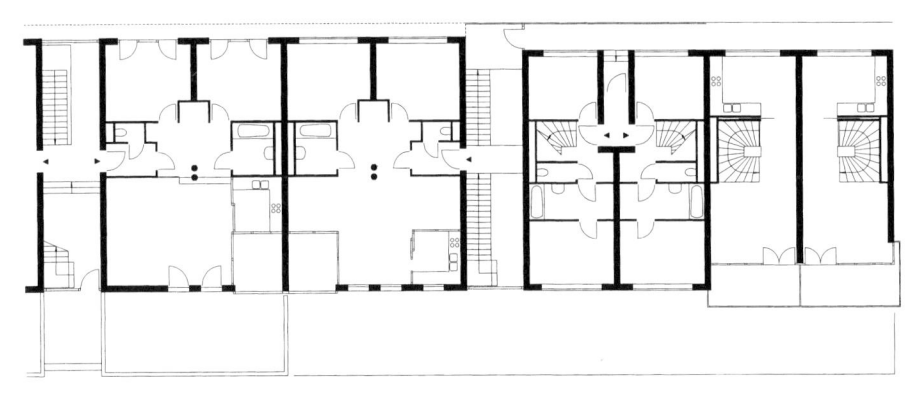

Erdgeschoß   1. Obergeschoß   2. Obergeschoß   Terrassengeschoß

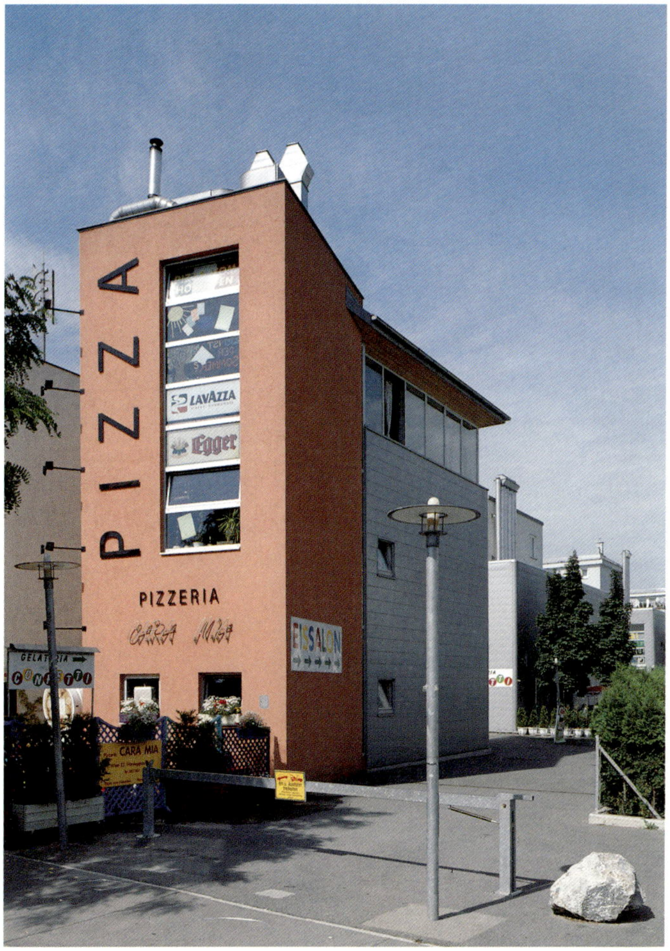
PIZZA
LAVAZZA
Egger
PIZZERIA
CARA MIA

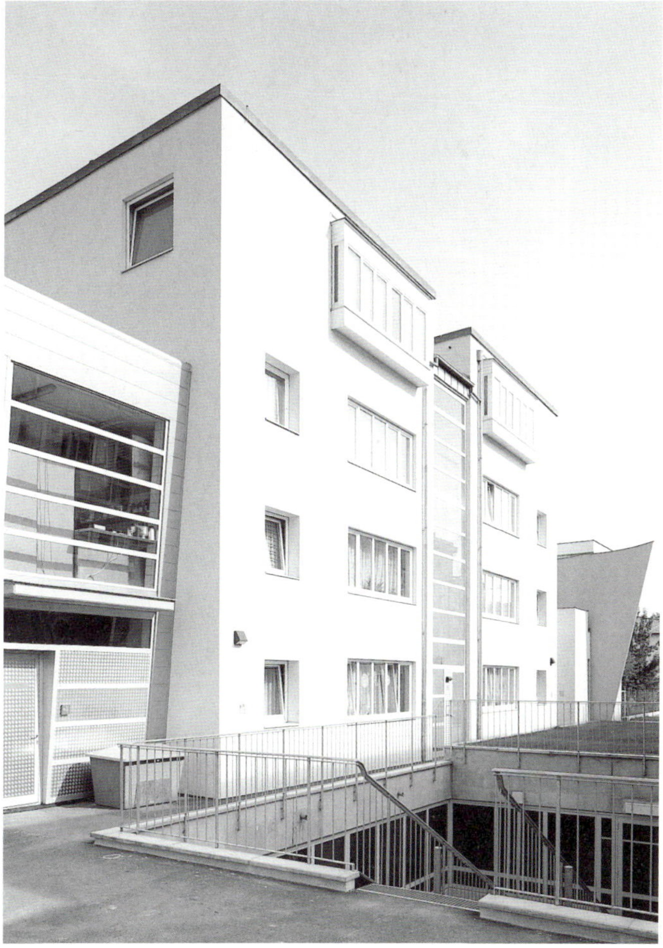

Siedlung Othellogasse

1987–1993
Wien 22, Othellogasse /
Jochen-Rindt-Straße
Bauherr Neues Leben
96 Reihenhäuser
38 Wohnungen
6 Lokale

In einem Gutachterverfahren wurde unser Bebauungsvorschlag als Leitprojekt ausgewählt. Mit der Planung der einzelnen Bauteile wurden außer uns auch die Architekten Margarethe Cufer, Walter Gruss und Johann Schandl betraut.

An das ca. 30.000 m² große, ebene Grundstück schließen im Westen ein schmales Siedlungsgebiet, im Norden eine große Reihenhausanlage und östlich der Jochen-Rindt-Straße ein Betriebsbaugebiet an. Im Süden ist unverbaubare offene Landschaft – der Wald- und Wiesengürtel geht in Felder über.

Die Bebauungsstruktur berücksichtigt diese Situation des letzten Baugrundes vor der Stadtgrenze. Einerseits bildet sie den Abschluß für die im Norden liegende Siedlung, andererseits öffnet sie sich nach Süden zur Landschaft.

Die geschlossene Bebauung an der Ecke Othellogasse – Jochen-Rindt-Straße schirmt die Anlage gegen das Betriebsbaugebiet ab. Im nördlichen Teil an der Othellogasse wird das Niveau angehoben, es entsteht ein langgestreckter, plateauartiger Platz, der von einer leicht geschwungenen, als Mauer wirkenden Reihenhauszeile abgeschlossen wird. Dieser Platz mit Pavillons für Trafik, Papiergeschäft, Blumenladen etc. und einem Gasthaus/Café-Gebäude (das leider als Bürohaus genutzt wird) ist Treffpunkt nicht nur für diese Anlage, sondern auch für die Bewohner der angrenzenden Siedlungen. Am Ostende des Platzes steht als Abschluß der Rundbau des Arzthauses mit Ordination und darüberliegender Wohnung.

Die Mauer schränkt die freie Sicht nach Süden auf bildartige Ausblicke ein und bildet das Portal der Wohnwege. Parallel zur Mauer steht etwas abgesenkt eine zweite Hauszeile.

Vier Doppelzeilen schließen an, greifen fingerartig in die Landschaft hinaus und ziehen diese somit in die Anlage herein. Der westliche Finger ist als Übergang zum Siedlungsgebiet in freistehende Doppelhäuser aufgelöst.

Durch die Anhebung des Platzes und eine Abstufung der Gebäudehöhen profitieren alle Häuser von der spezifischen Lage und der freien Aussicht.

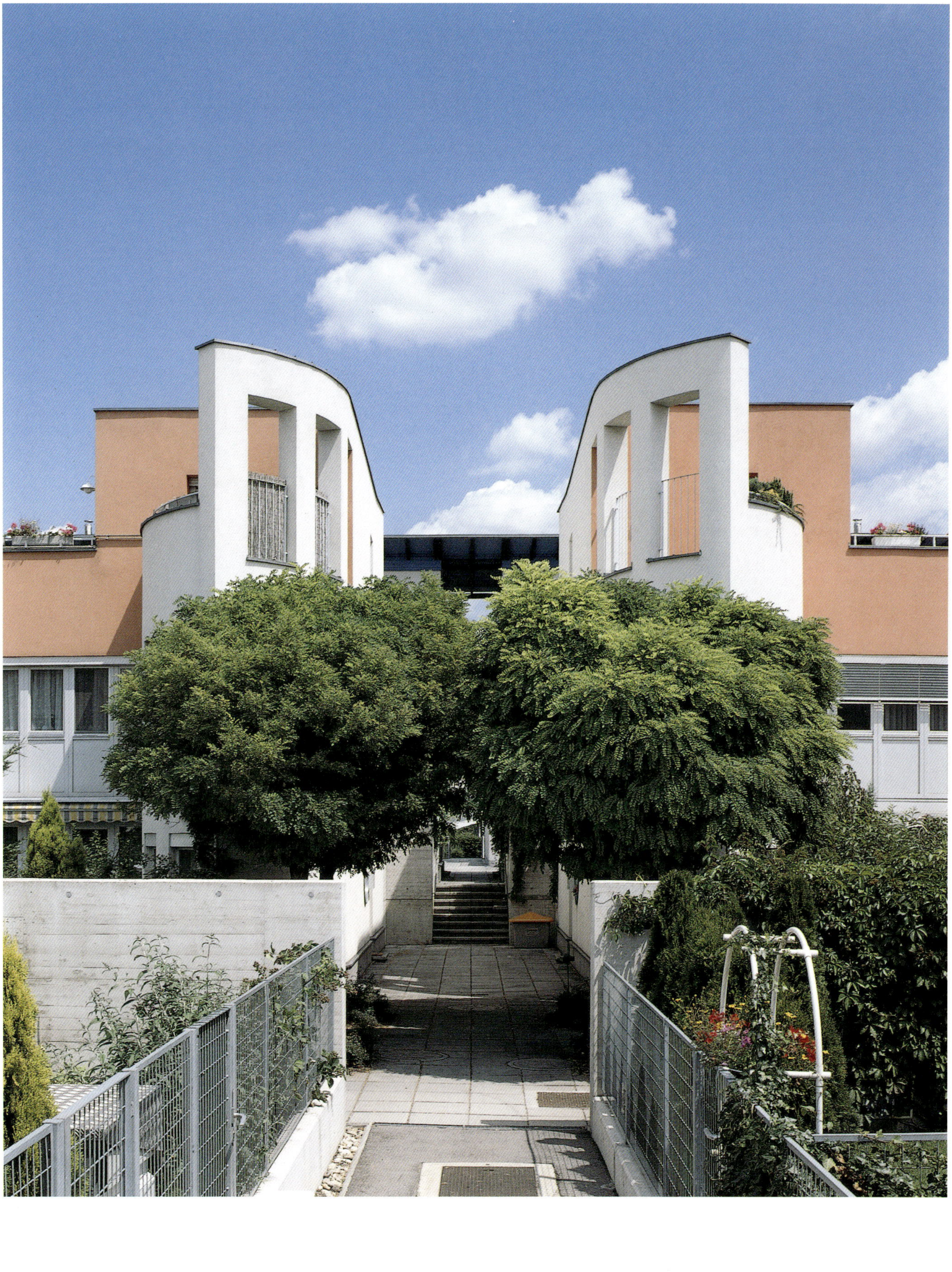

80 | 81

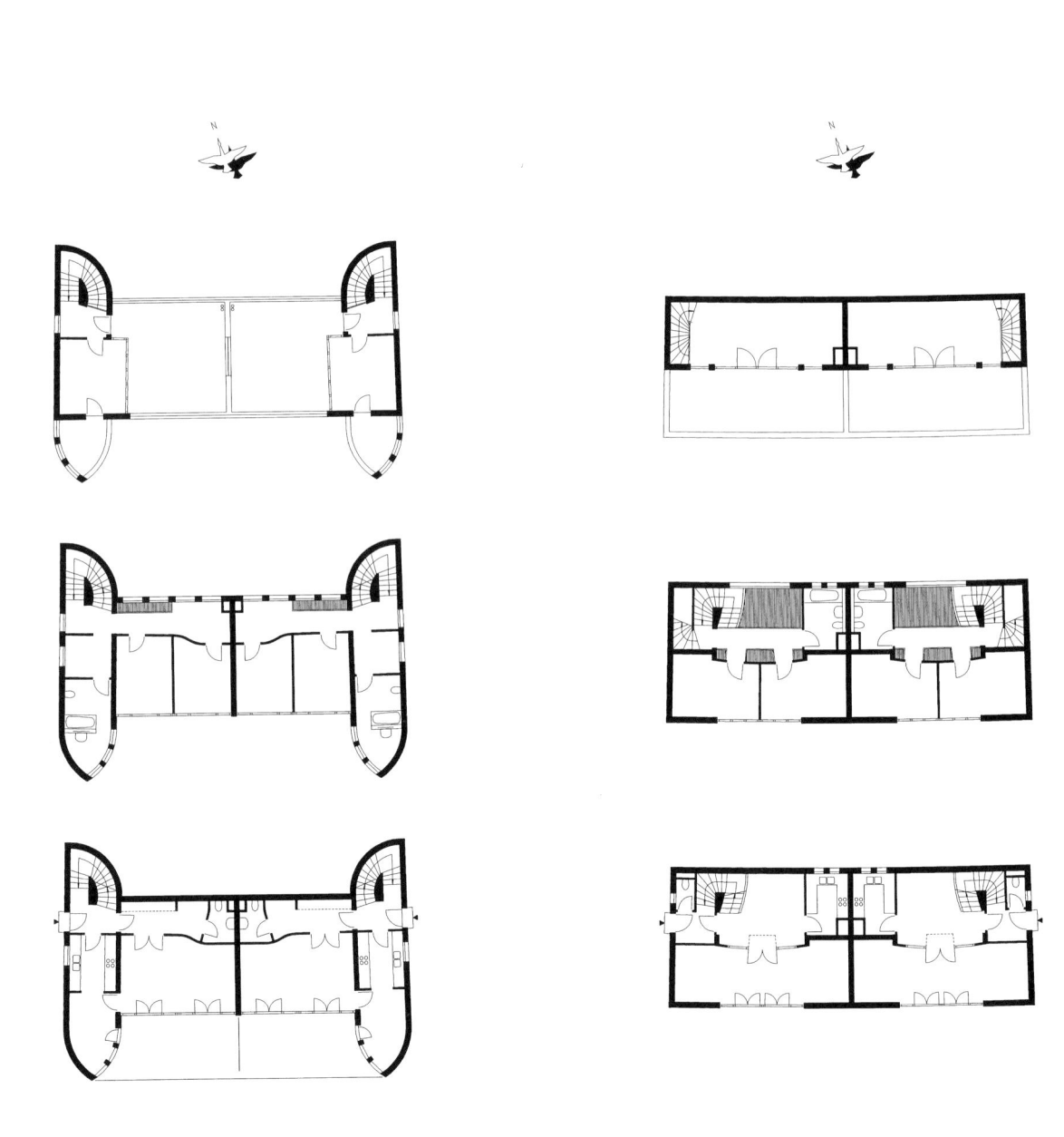

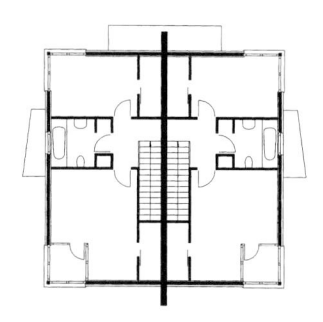

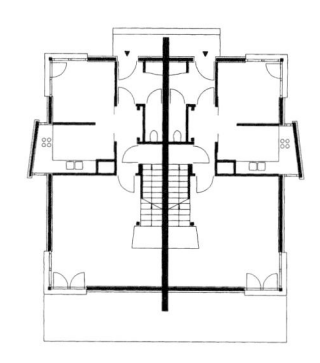

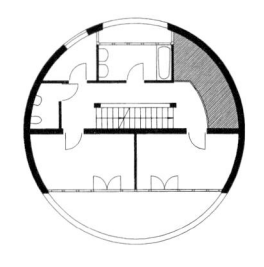

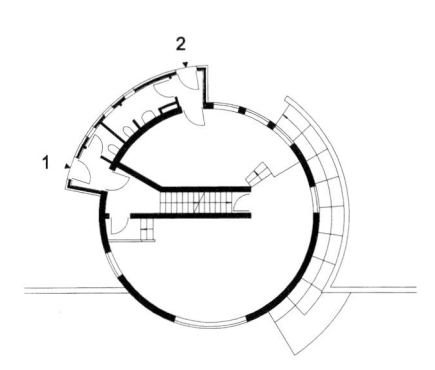

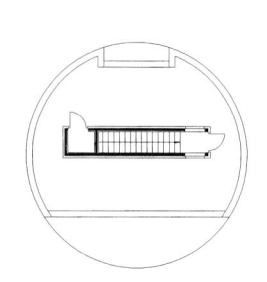

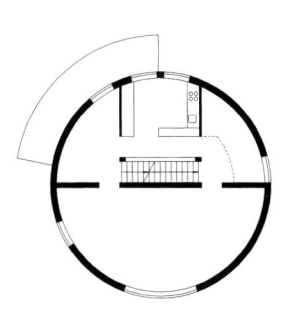

1 Wohnung
2 Ordination

82 | 83

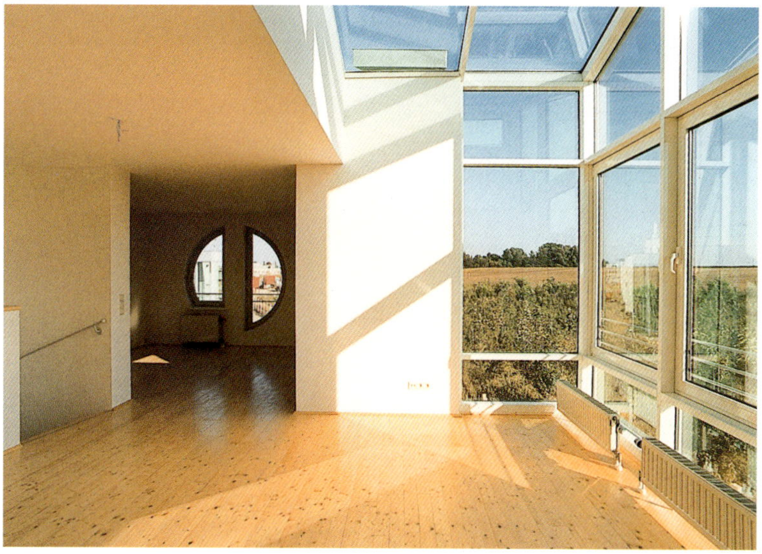

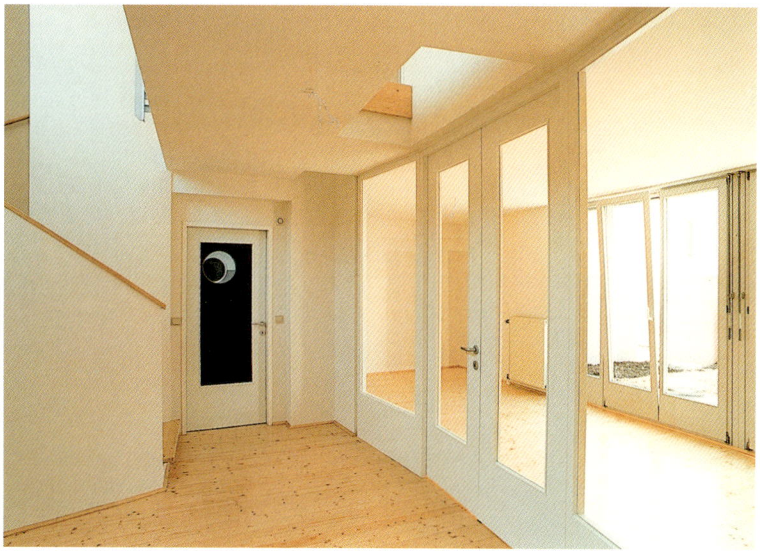

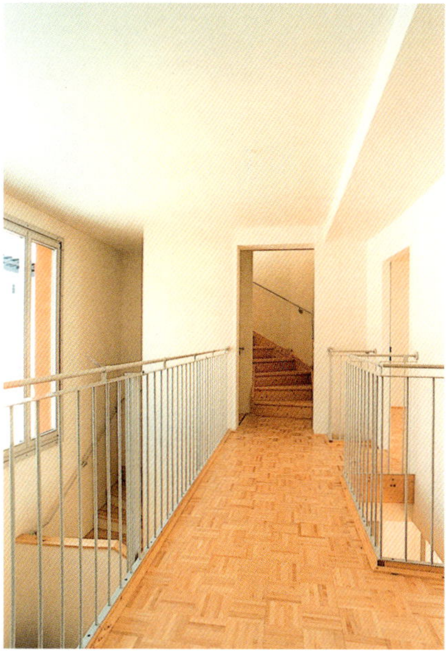

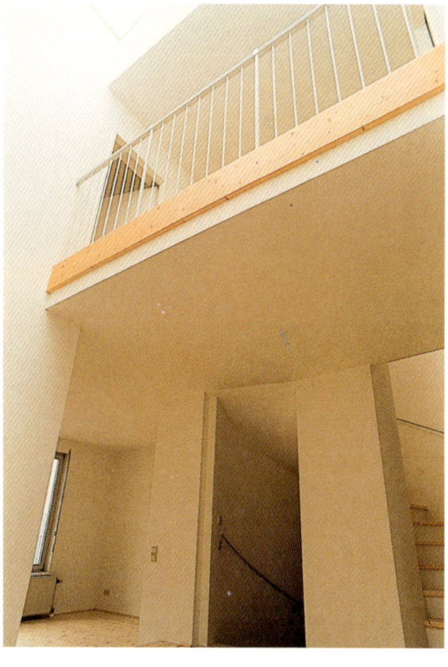

Reihenhausanlage Silenegasse

1987–1991
Wien 22, Silenegasse / Lieblgasse
Bauherr   Wohnbauvereinigung für Privatangestellte
77 Reihenhäuser
7 Wohnungen
4 Behindertenwohnungen
1 Behindertenzentrum

Das nur ca. 40 m breite und mehr als 400 m lange, Nord-Süd verlaufende Grundstück liegt zwischen zwei Siedlungsgebieten. An diese sowie im Norden schließen Betriebsbaugebiete an.

Der für die Peripherie typischen, heterogenen Bebauung wird ein ruhiger, streng artikulierter Städtebau gegenübergestellt – eine zweizeilige, wie ein Rückgrat wirkende Struktur. Kleinteilige Vorbauten und Pavillons bilden den Übergang zu den Siedlerhäusern.

An der Lieblgasse ist durch ein quergestelltes Wohnhaus Anfang und Zugang definiert. Am Nordende bricht die Ordnung auf, die Häuser beginnen zu tanzen.

Es ist eine Anlage für „gemeinsames Wohnen". Die Hauptbaukörper sind von den Nachbargrenzen abgerückt. So entsteht eine glasüberdachte, geschützte Wohngasse, die, als Erweiterung und Bereicherung der individuellen Wohnbereiche, ein öffentlicher Gemeinschaftsraum und Spielort für die Kinder ist. Andererseits wird durch die Vorbauten an den Gartenfronten und eine durchgehende Zaunbepflanzung größtmögliche Individualität und Privatheit angestrebt.

Im Haus an der Lieblgasse sind ein Behindertenzentrum mit Gemeinschafts- und Betreuungsbereich sowie Wohnungen untergebracht.

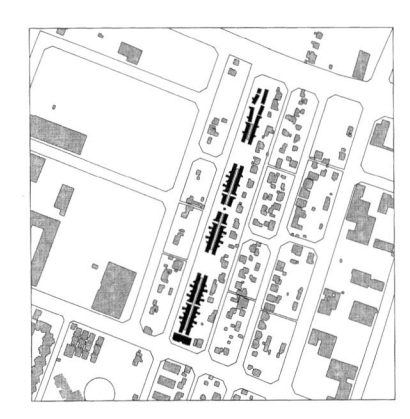

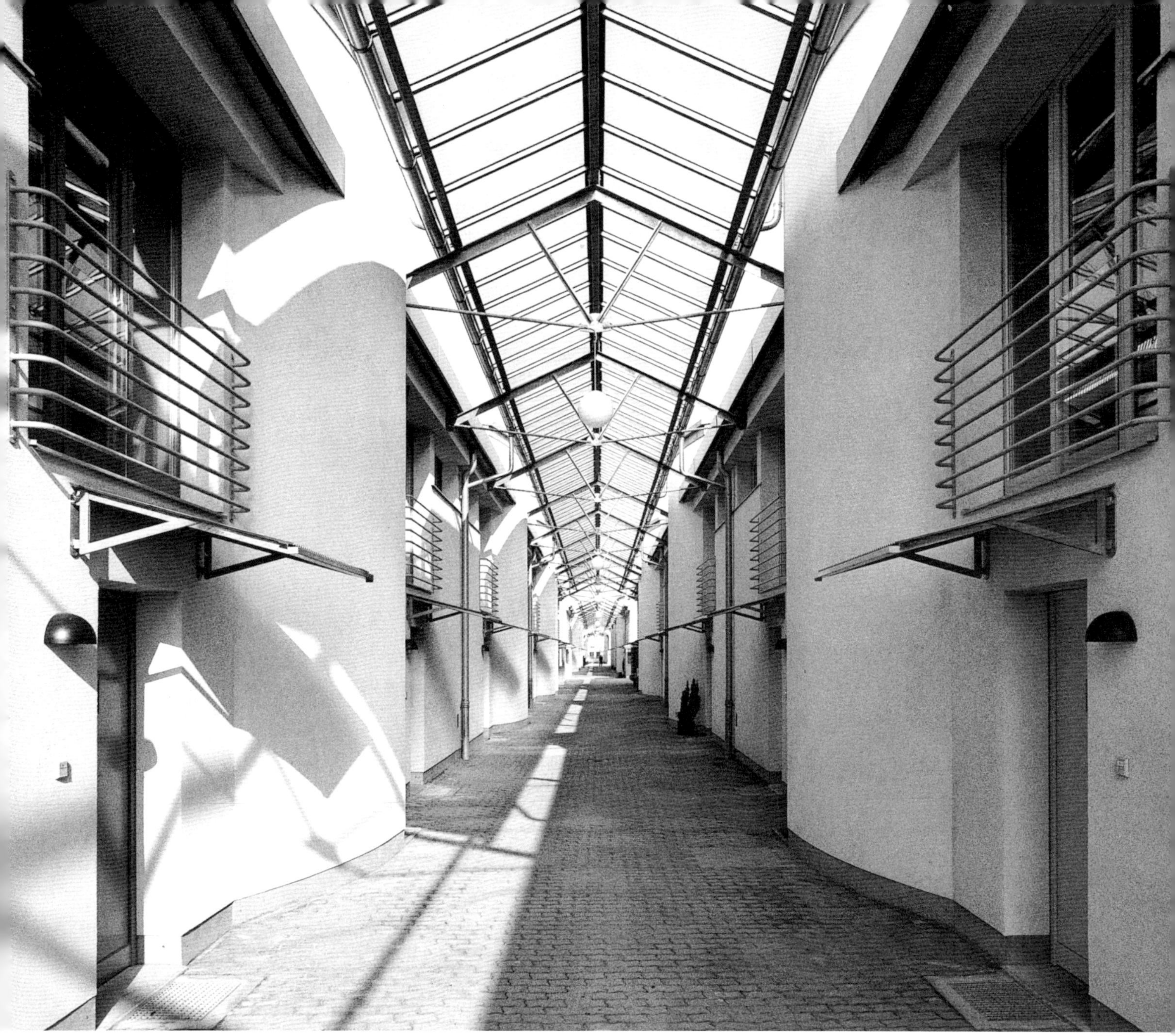

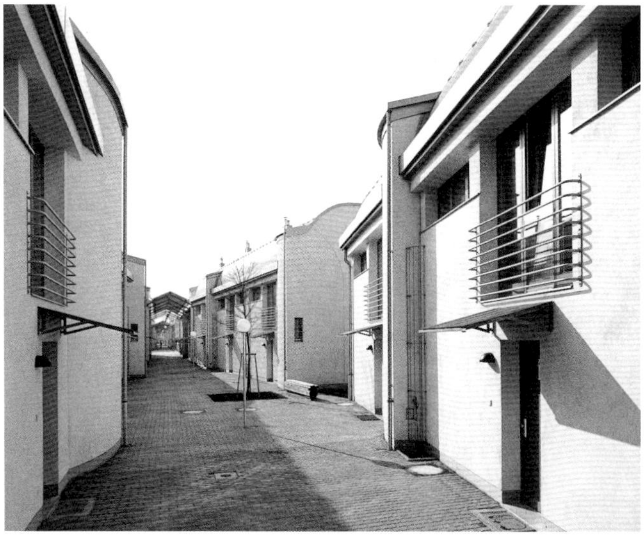

1. Obergeschoß

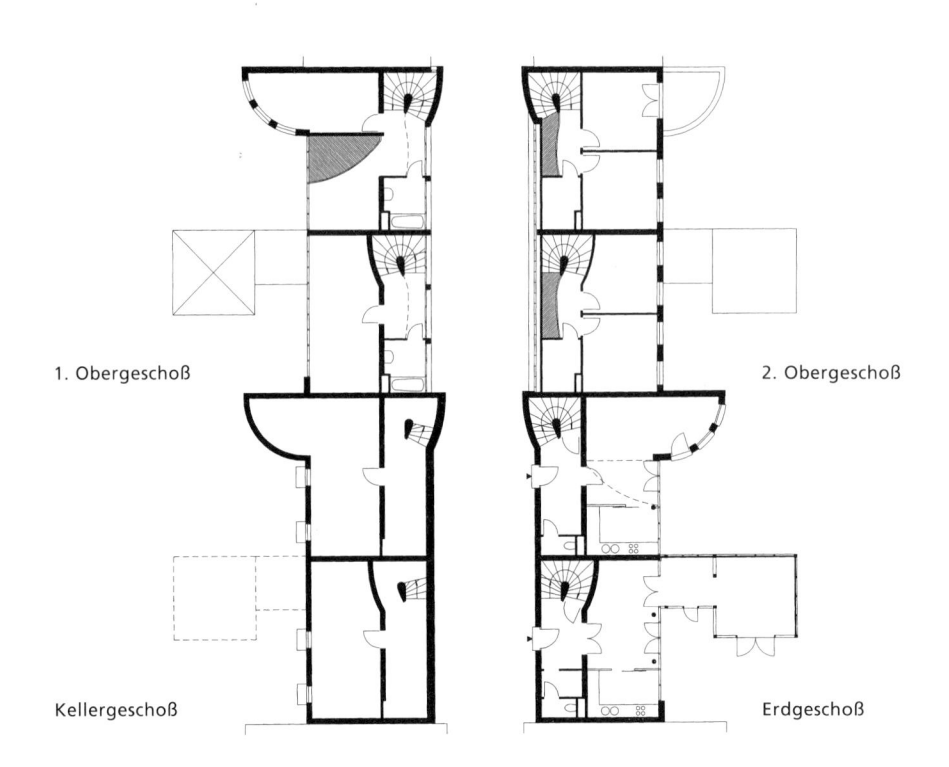

2. Obergeschoß

Kellergeschoß

Erdgeschoß

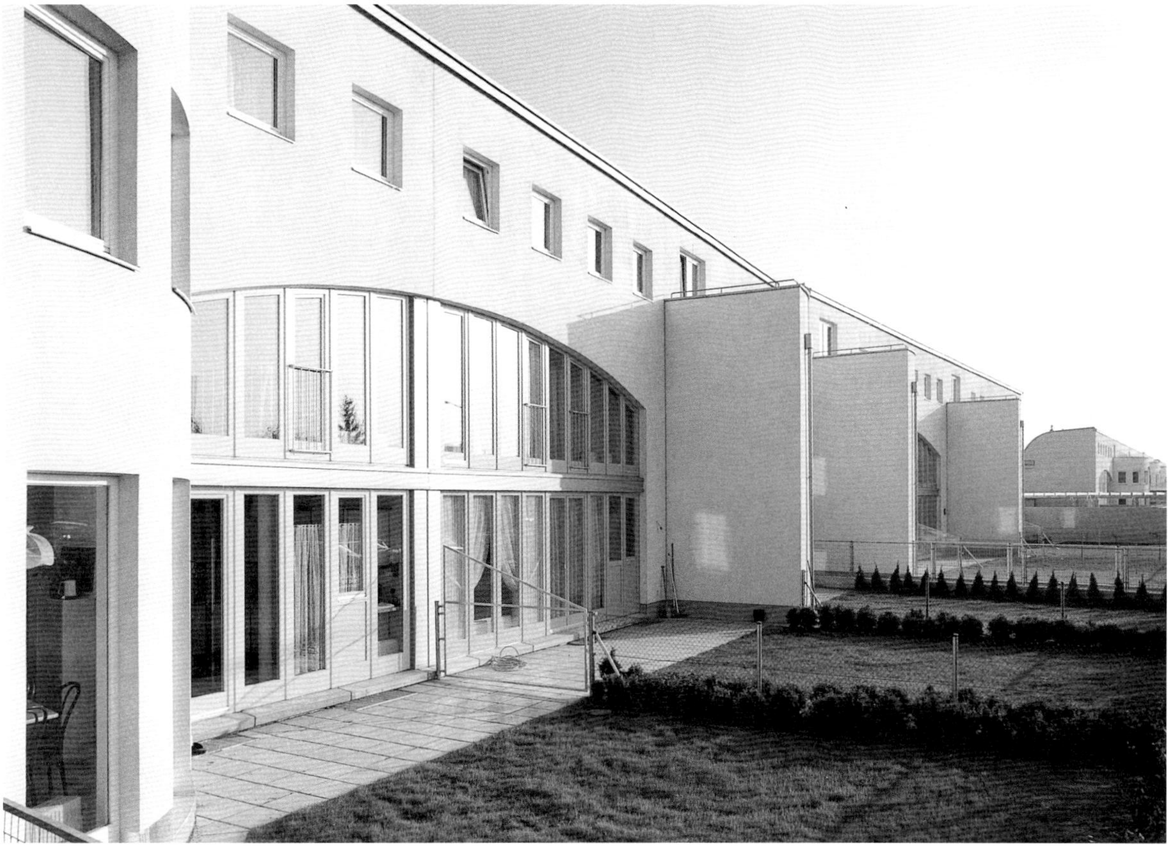

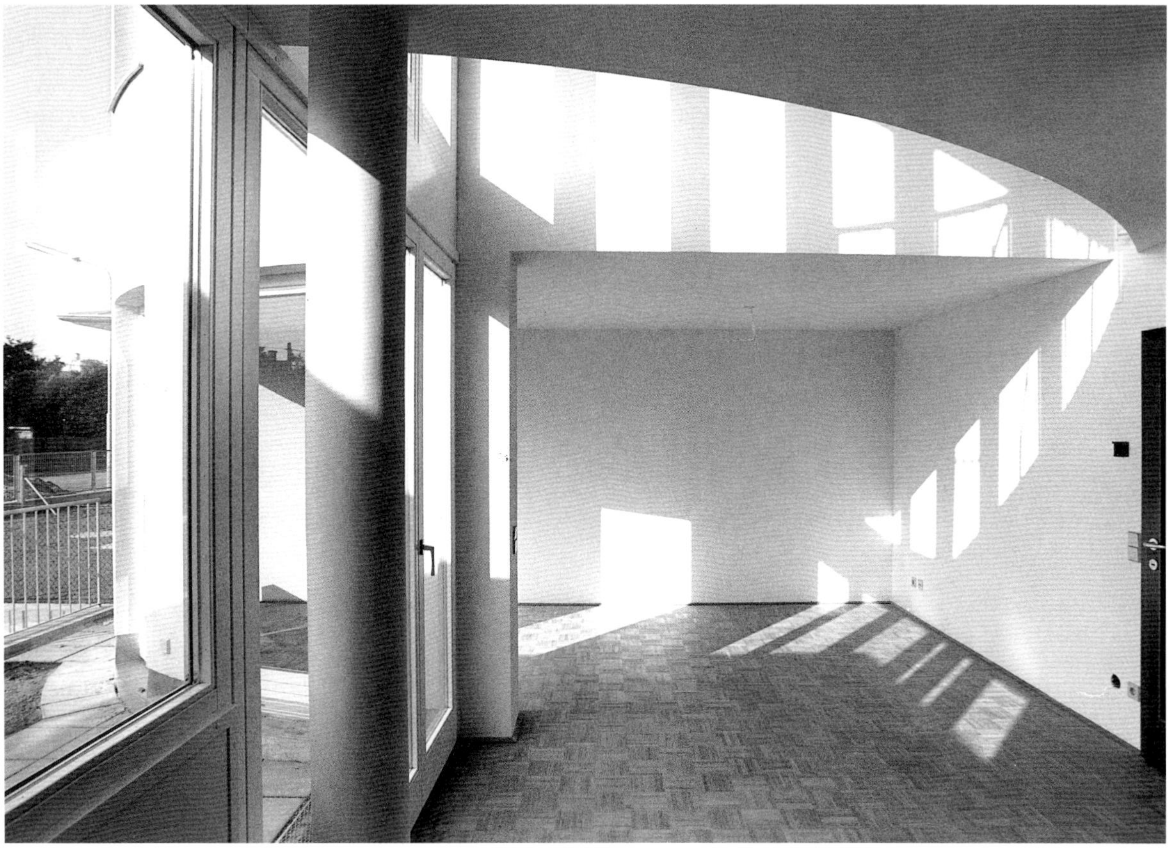

Reihenhausanlage Csokorgasse

1986–1990
Wien 11, Csokorgasse 52-56
Bauherr Neues Leben
21 Reihenhäuser

In einem Gutachterverfahren wurde unser Bebauungsvorschlag als Leitprojekt ausgewählt. Den Bauteil Csokorgasse planten wir, den Bauteil Rudolf-Simon-Gasse Architekt Wolfgang Holzhacker.

Parallel zu den beiden Straßen wurden – der gegebenen Geländeform folgend gestaffelt (das Niveau fällt um ca. 6 m ab) – jeweils drei Reihenhauszeilen situiert. Ein Ost-West verlaufender Fußweg durchschneidet die Anlage.

Der ebene, ca. 3.000 m² große Mittelteil ist als gemeinsamer Erholungs- und Spielbereich ausgebildet.

Die drei Zeilen des Bauteiles Csokorgasse bestehen aus drei sehr unterschiedlichen Haustypen mit offenen Grundrissen und großzügigen Wohnbereichen. Durch die Anordnung von Galerien, Lufträumen und offenen Stiegen in den Wohnräumen wird die Mehrgeschossigkeit erlebbar.

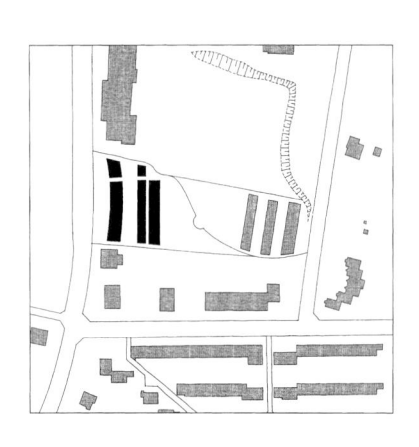

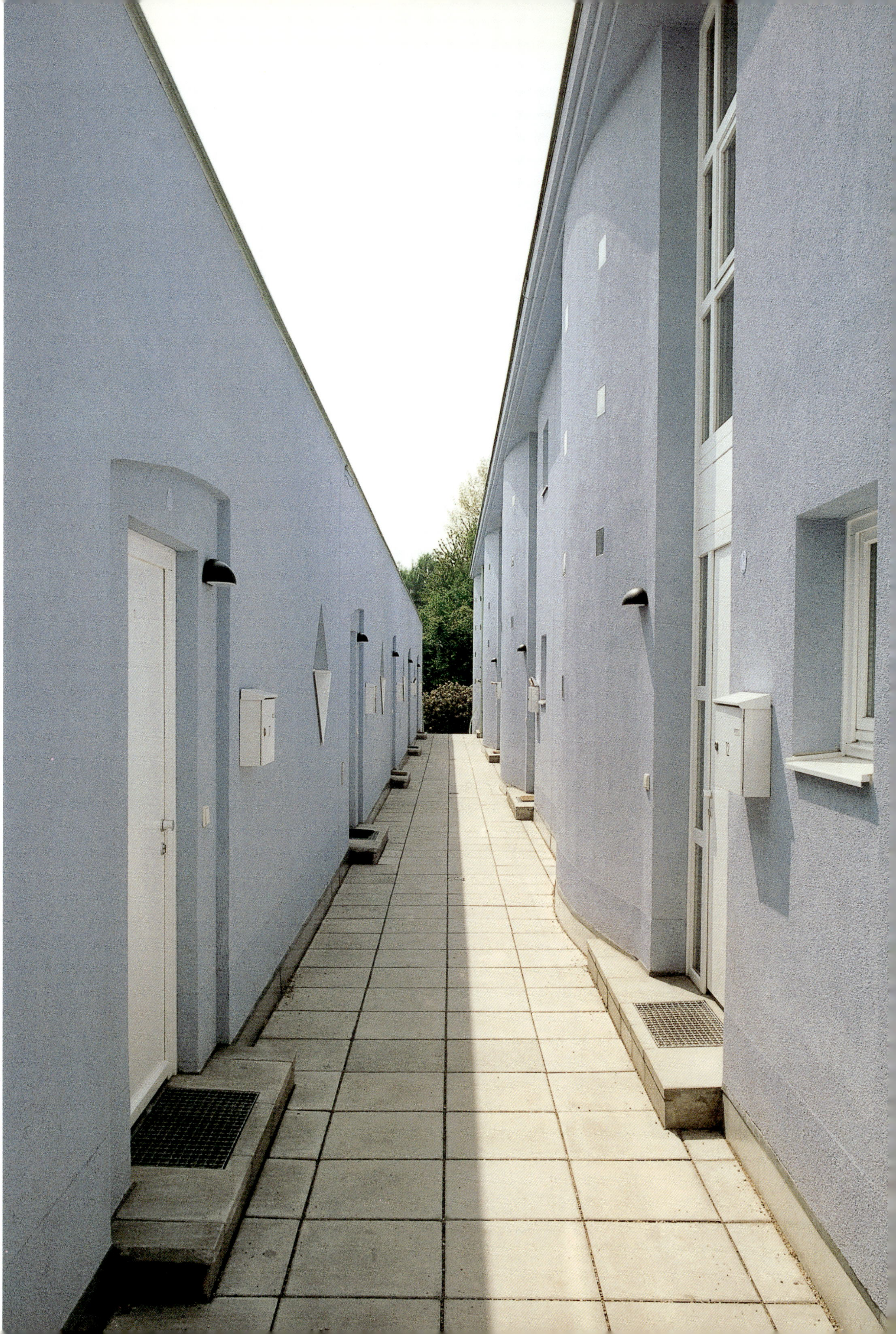

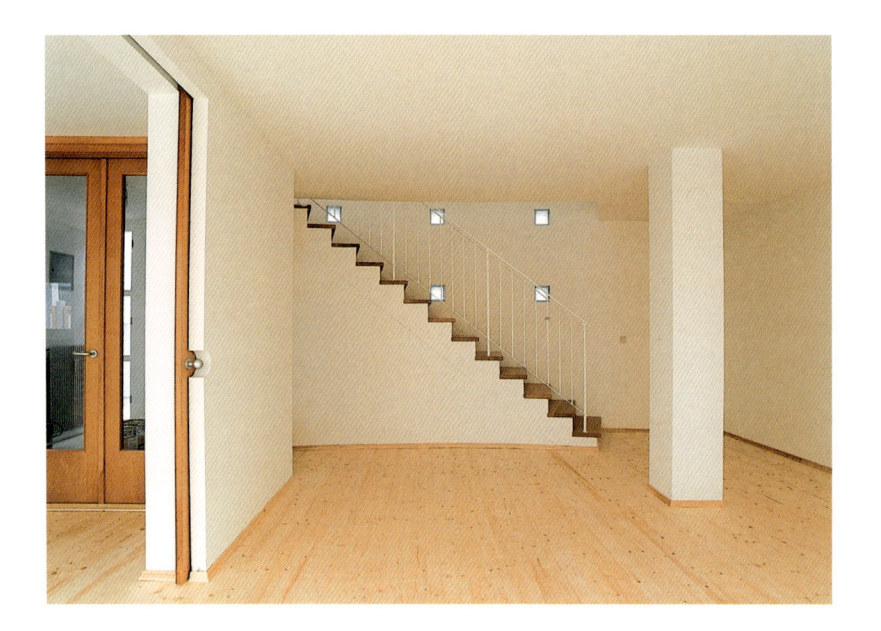

90 | 91

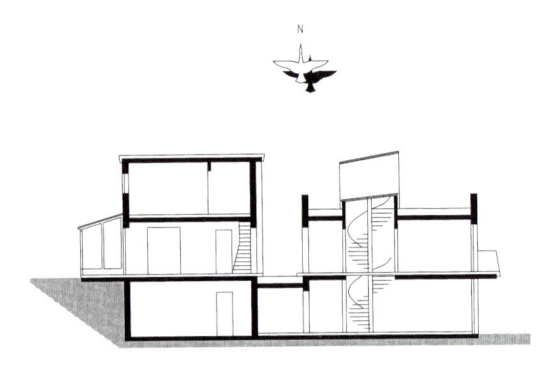

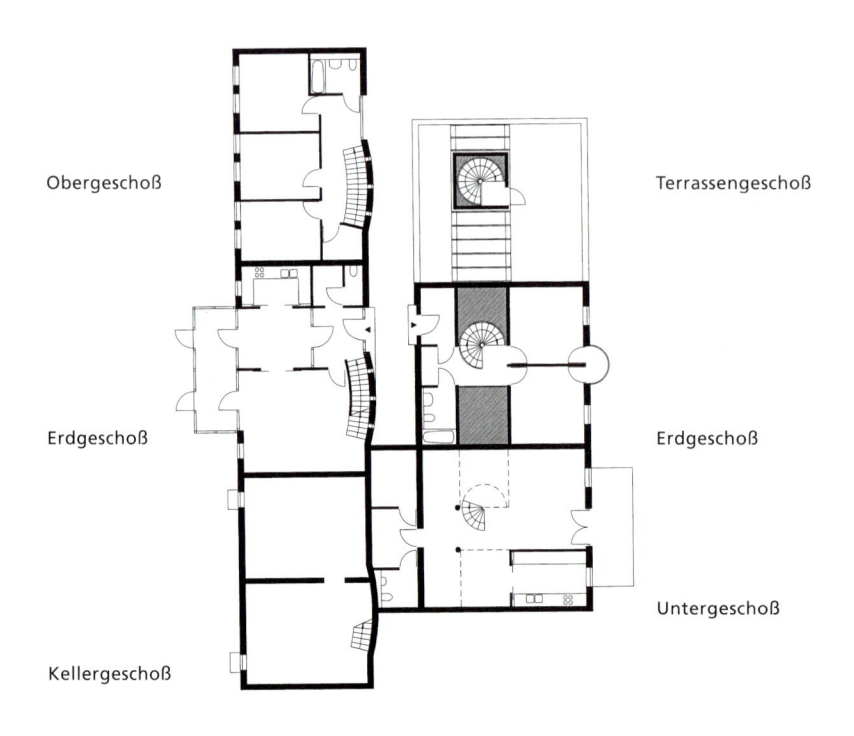

N

Obergeschoß

Terrassengeschoß

Erdgeschoß

Erdgeschoß

Kellergeschoß

Untergeschoß

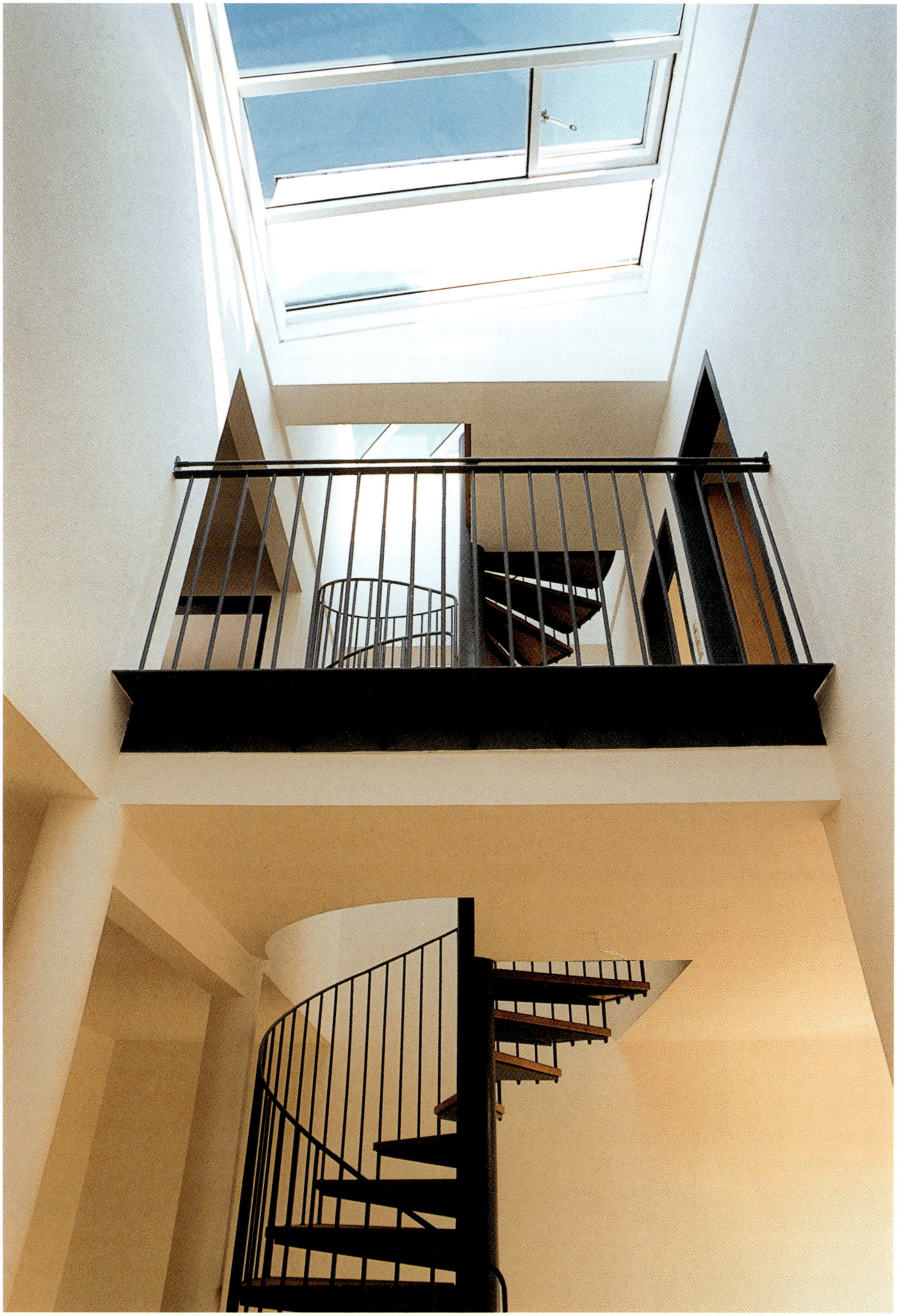

Wohnhaus Hettenkofergasse

1986–1990
Wien 16, Hettenkoferstraße 18-22
Bauherr   Wohnbauvereinigung für
             Privatangestellte
68 Wohnungen

Das Eckgrundstück liegt an zwei Straßen mit ganz verschiedenem Charakter. Dementsprechend wurden die beiden Trakte unterschiedlich gestaltet. Die Südfront zur Hasnerstraße ist eher geschlossen und ruhig, die Ecke im Bogen zurückgenommen. Die Westfront zur Hettenkofergasse dagegen ist sehr offen. Ein hoher Sockel schließt das Gebäude und die blockartige Randbebauung.

Die Verbindung der beiden Trakte bildet ein in Glas aufgelöster Körper, der den Eingang zum Hof, von dem aus die Stiegenhäuser erschlossen sind, definiert.
Im nördlichen Teil des Hofes steht ein „Stöckelgebäude" mit kleinen, luftigen Maisonetten.

Um die Nachteile des Wohnens in den unteren Geschossen auszugleichen, sind in diesen besonders attraktive Wohnungen angeordnet. Nach oben hin nehmen die Veranden- und Loggiengrößen ab, es ist eine „demokratische Wohnungsanordnung".

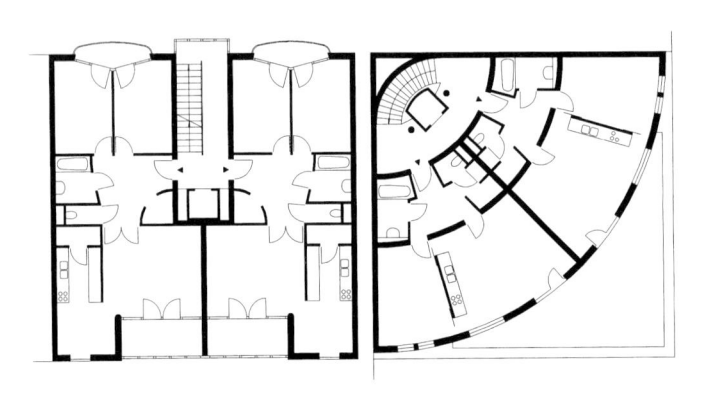

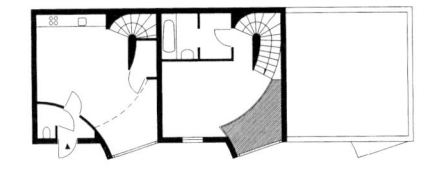

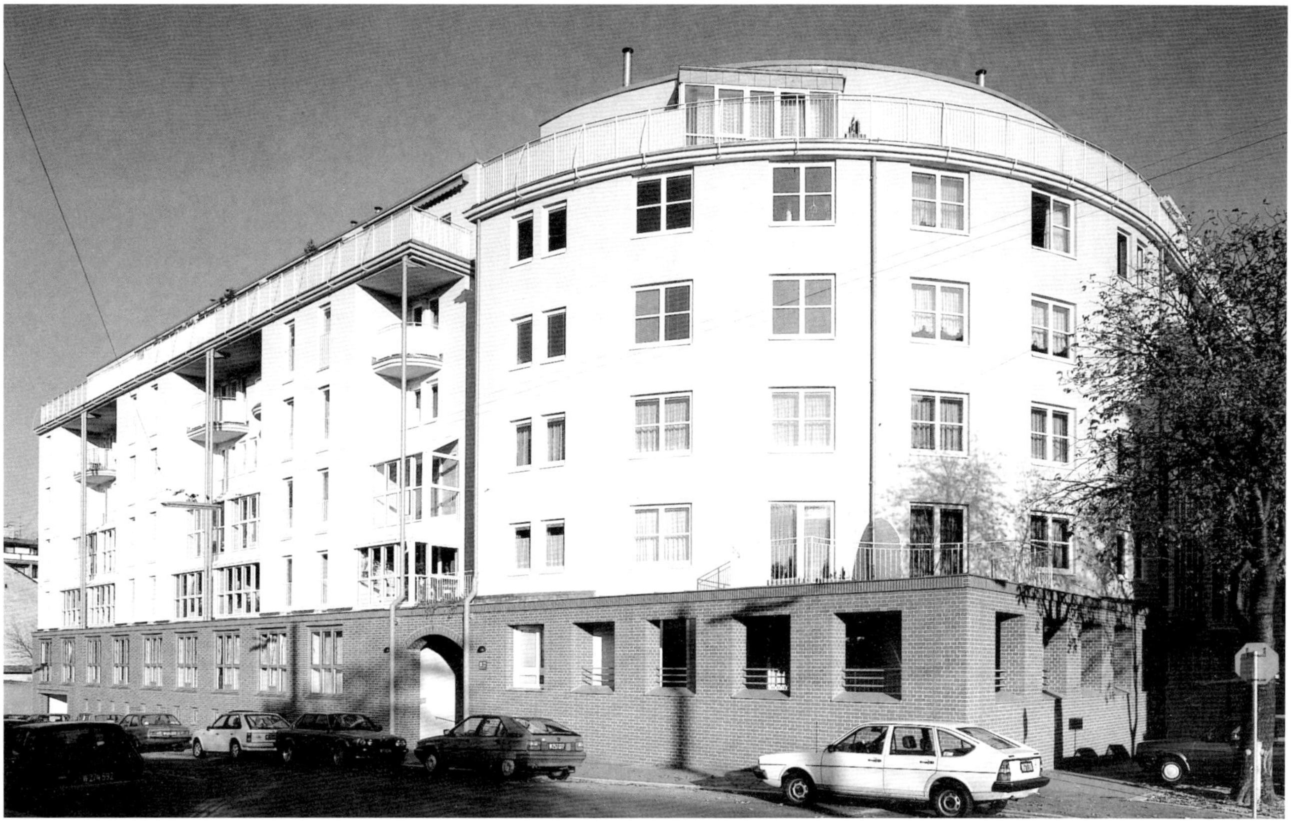

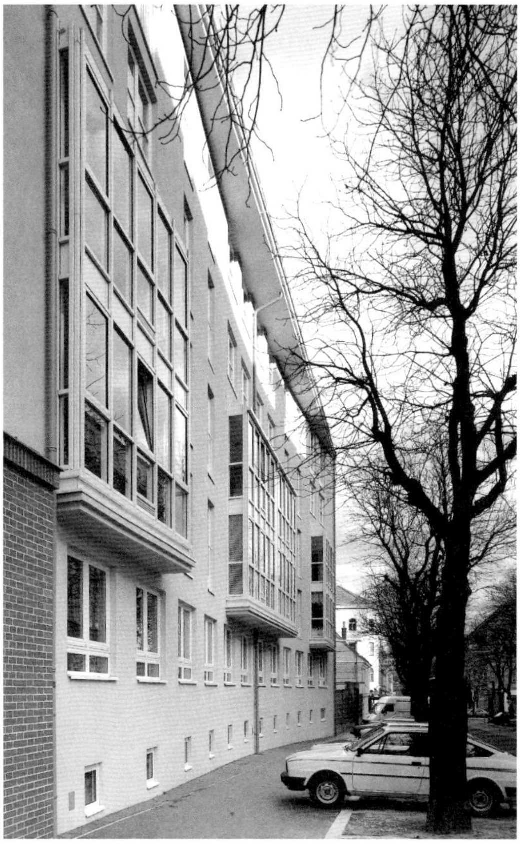

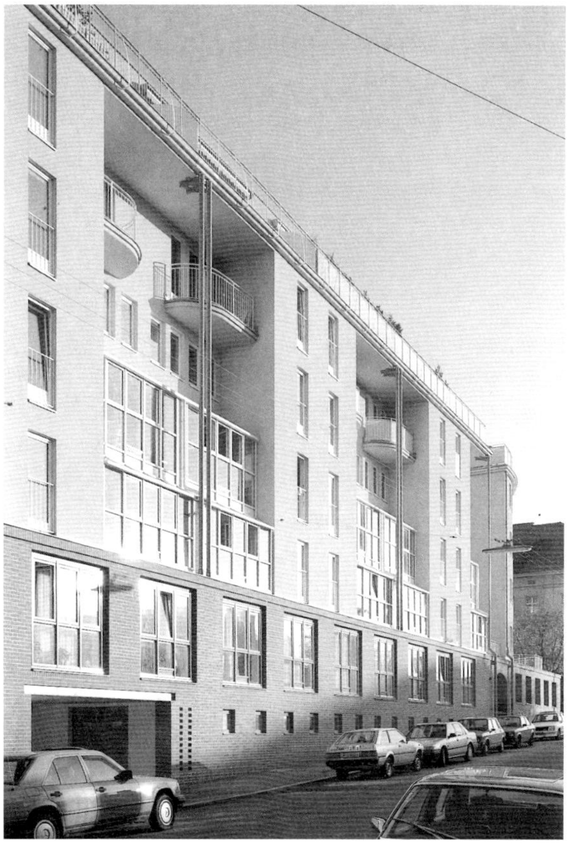

**Wohnhausanlage
„Käthe Leichter Hof"**

1984–1988
Wien 13, Auhofstraße 152-165
Hietzinger Kai
Bauherr   Wohnbauvereinigung für
            Privatangestellte
174 Wohnungen

Der merkwürdige Grundstückszuschnitt und die extreme Ausnutzung, die auf ein Projekt der Architekten Czernin und Hlavenicka zurückgehen, konnten nicht verändert werden.

Unter Berücksichtigung der exponierten Lage an der Stadteinfahrt wurde versucht, die positiven Eigenschaften des Grundstückes möglichst allen Wohnungen zugute kommen zu lassen. Daraus folgt eine starke Differenzierung der einzelnen Baukörper. Um die vorhandene Randbebauung fortzusetzen und um im Hof möglichst große, zusammenhängende Grünflächen zu erhalten, sind die Gebäude zu den Straßen vorgeschoben; ein geschwungener Baukörper verbindet die beiden Straßentrakte.

Am Hietzinger Kai wird mit neun Geschossen die größte Höhe erreicht; dieser Trakt dient als Schallschutzwand für die Anlage selbst und für die anschließende Bebauung. Nach Süden hin fallen die Baukörper ab und ordnen sich in der Auhofstraße mit fünf Geschossen ein. Durch vorgesetzte Sockel, Zonung der Gebäude und Terrassengeschosse ist die Höhe optisch reduziert.

Die Planung zielt darauf ab, das gemeinschaftliche Leben in der Anlage zu fördern. Der Zugang zu den Stiegenhäusern erfolgt über den großen Wohnhof mit Kinderspielplatz. Weiters sind Gemeinschaftsräume, zwei Saunaanlagen und ein großer Gymnastikraum untergebracht.

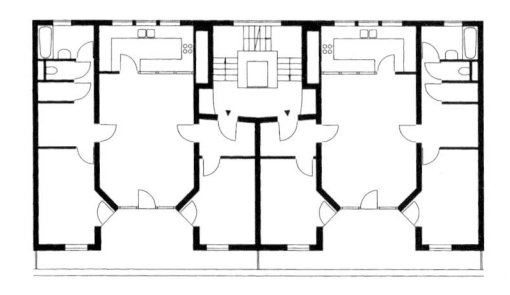

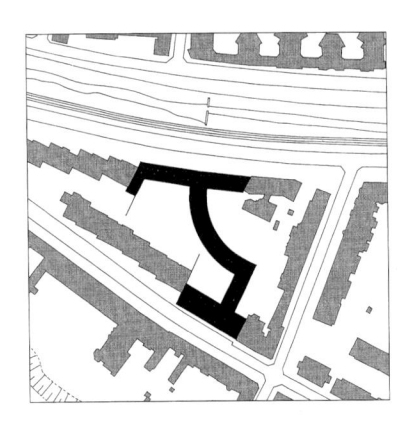

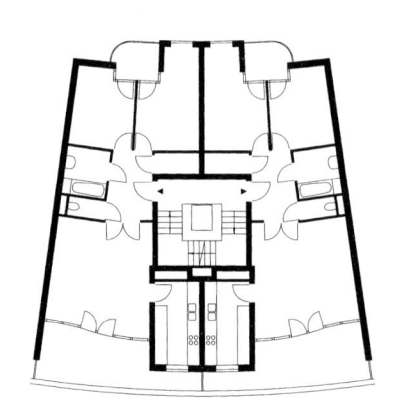

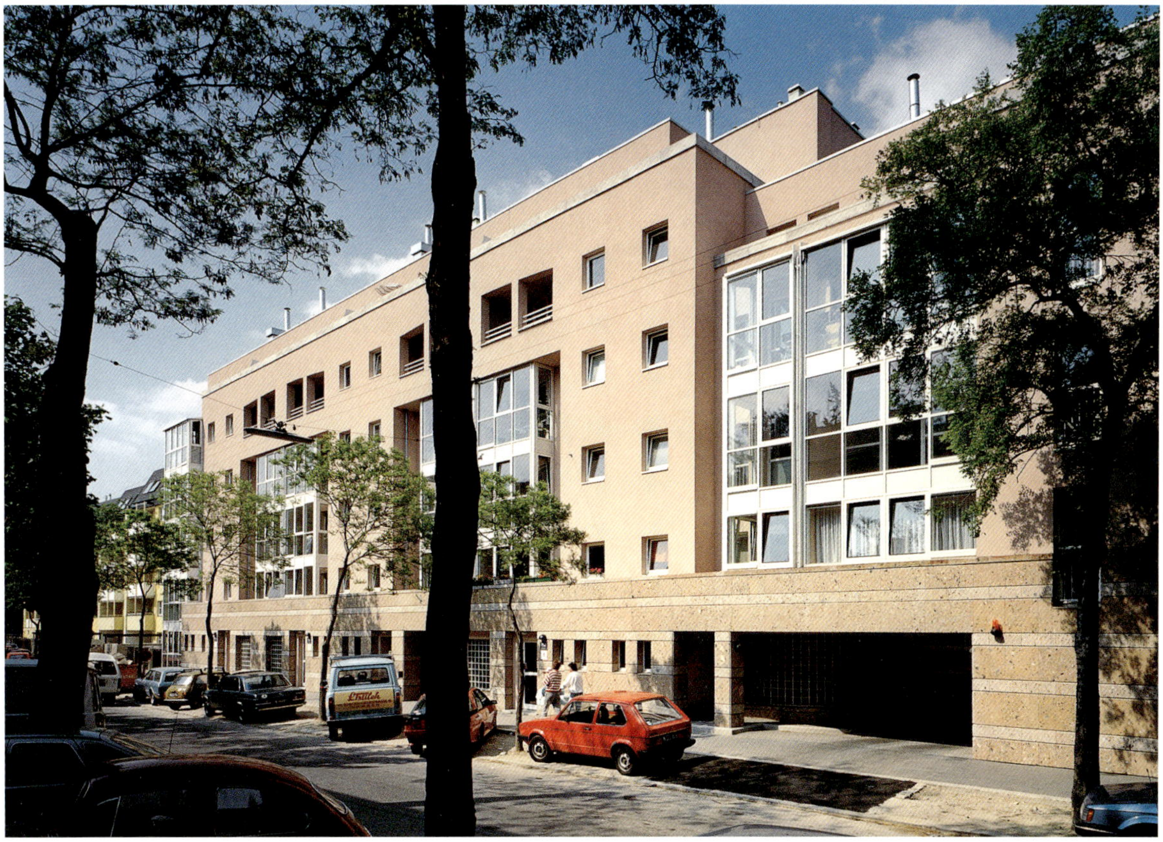

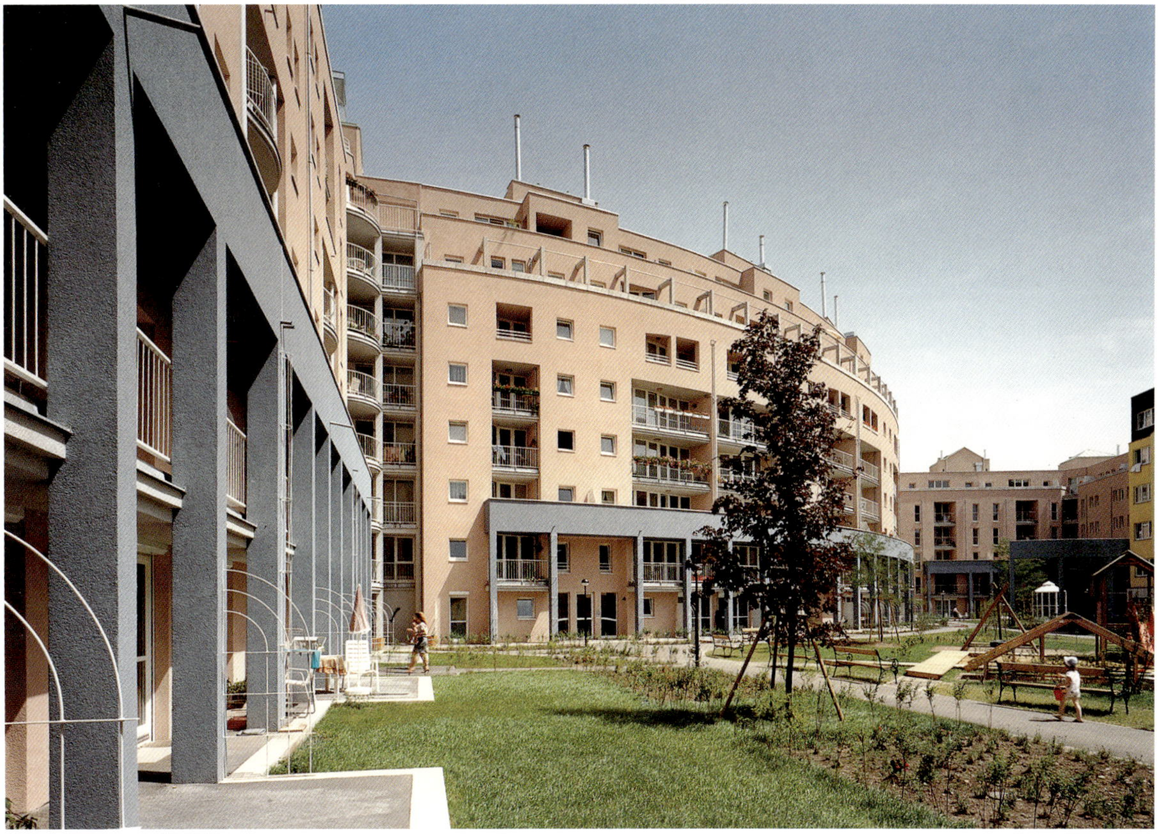

Die Architekten Theiss & Jaksch 1907–1961

Siegfried Theiss, geboren 1882 in Pressburg, und Hans Jaksch, geboren 1879 in Hennersdorf in Nordböhmen, kamen aus der Provinz zur Ausbildung nach Wien. Theiss studierte an der Technischen Hochschule bei Karl König, dem Vertreter der „Altkunst" und Gegenpol zu Otto Wagner. Gemeinsam mit Jaksch besuchte er dann die Meisterklasse von Friedrich Ohmann an der Akademie der bildenden Künste. Die Ausbildung bei diesen beiden Lehrern prägte ihr gesamtes Werk.

Bereits in ihrer Zeit an der Akademie arbeiten Theiss und Jaksch gemeinsam und gewinnen 1907 schon mit ihrem zweiten Wettbewerbsprojekt den ersten Preis und damit den Auftrag für ein Post-, Amts- und Wohngebäude in Wiener Neustadt. Sie begannen somit ihre selbständige Arbeit sehr jung und gleich mit einem großen Projekt. Weitere Aufträge (besonders in Wiener Neustadt, Melk, Maria Enzersdorf und später dann auch in Wien) folgten unmittelbar, teils auf Grund von Wettbewerbserfolgen, teils als Anschlußaufträge. Ein Großteil der Arbeiten dieser ersten Jahre wurde ausgeführt. Sie konnten also ihre Ideen rasch realisieren und somit überprüfen und weiterentwickeln.

Der Posthof ist noch ganz von der Architektur Ohmanns beeinflußt. Die Grundhaltung ist barock, jedoch der Provinzstadt entsprechend verhältnismäßig schlicht. Auf die Umgebung, den Platz mit der dominierenden Kirche, wird durch zurückhaltende Höhenentwicklung, auf die kleinteiligen Nachbarbauten durch Anpassung des Maßstabes Rücksicht genommen. Im Inneren werden moderne Elemente verarbeitet, das große Glasdach der Kassenhalle ist sicher von Wagners Postsparkasse beeinflußt. Auch die ornamentalen Details gehen zum Teil auf Wagner zurück, sind aber im Prinzip romantischer und lieblicher. Bei diesem Bau zeigten Theiss & Jaksch bereits ihre Fertigkeit in der materialgerechten, handwerklichen Durchbildung.

1907–1909
Posthof Wiener Neustadt

Hermann Sörgel teilte die Architekten in zwei Lager, ihm zufolge bevorzugten die einen mehr das Romantische und Malerische, die anderen hingegen das Klassische und Strenge. Es sind dies von der Zeit unabhängige Ausdrucksformen verschiedener innerer Auffassungen. Das Romantische hat mit der Besinnung auf bürgerliche Werte zu tun, auf Schlichtheit und Zurückhaltung, und wendet sich dabei mehr an das Gefühl und die seelische Stimmung als an den denkenden Verstand.[1] Fritz Schuhmacher bezeichnete Theodor Fischer und Peter Behrens als die führenden Vertreter der beiden Richtungen.[2]
Theiss & Jaksch neigten der romantischen Spielart zu. In seinen Reiseskizzen hielt Theiss Impressionen alter Städte und Dörfer fest und entdeckte für sich die malerischen Werte der handwerklichen Arbeit. Daß er mit dem Werk von Theodor Fischer vertraut war, zeigen die frühen Bauten, besonders die Einfamilien- und Genossenschaftshäuser, die unter Verwendung lokaler Motive

und der sparsamen Ausschmückung der Flächen eine bürgerliche Architektur darstellen; sie sind heiter, freundlich und bescheiden, ohne prätentiöse Ansprüche.

Auch die ersten evangelischen Kirchen, eine Aufgabe, die Theiss & Jaksch immer wieder und auch theoretisch beschäftigte, waren von Deutschland, durch die Kirchen der Architekten Bartning, Kuhlmann und Putzer beeinflußt. Die Bauten sind nüchtern und wirtschaftlich, die Innenräume hell. Auf kostbare Materialien und auf Dekoration wird weitgehend verzichtet. In den Details, besonders bei den Holzarbeiten, greifen sie auf Motive aus der Volkskunst zurück. Sie folgen damit der Heimatschutzbewegung, die als Reaktion auf die Industrialisierung für ein „gesundes, bodenwüchsiges, landschafts- und heimatverbundenes Bauen eintrat und eine natürliche Einfachheit suchte".[3]

Die Kasernenanlagen zeigen eine gute Gliederung der großen Massen, die durch Zweifarbigkeit unterstrichen wird. Auch hier ist eine Verbindung zu Schultze-Naumburg erkennbar. Dekoration wird schmuckstückartig in die Fläche eingesetzt. In der Zeit vor und während des Ersten Weltkrieges wurden Theiss & Jaksch in ihren Gestaltungsmitteln strenger, zu den romantischen Motiven treten klassizistische Elemente. Es entsteht eine gewisse Ambiguität, die in Melk und besonders an der Fliegerkaserne in Wiener Neustadt auffällt. In diesen Jahren ist ein Einfluß von Josef Hoffmann auch bei anderen Bauten spürbar.

Ihre Industriebauten dieser Zeit sind nüchtern und werden von der Konstruktion bestimmt.
„Je anscheinend nüchterner der Auftrag, desto anregender die Aufgabe, eine Lösung zu finden, die schöpferischen Geist atmet. Insbesondere auf dem Gebiet des Fabriksbaues und Kasernenbaues eröffnen sich für die Baukünstler neue Betätigungsmöglichkeiten." (Theiss, 1917[4])

Nach dem Krieg reduzieren sie ihre Architektur noch weiter und entwickeln aus dieser Vereinfachung eine neue Ästhetik. Bei einem Hauptwerk von Theiss & Jaksch, der Knappensiedlung bei Hüttenberg, kommt die einfache, volkstümliche Bauweise besonders zum Tragen. Es ist das Bemühen, eine Form des landschaftsbezogenen Bauens zu finden, die an die Tradition der anonymen Architektur anknüpft und frei ist vom falschen Pathos der Urwüchsigkeit. Die Anlage, eine Reihenhaussiedlung, wird durch die Topographie bestimmt, die schmalen Wohngassen passen sich den Geländeformen an, die Gestaltung ist kleinräumlich und trotz einheitlicher Konstruktion, einheitlichen Materials und der Verwendung von nur wenigen Haustypen sehr abwechslungsreich. Es ist eine geplante Siedlung, und doch vermittelt sie den Eindruck eines gewachsenen Dorfes.

In den zwanziger Jahren bestimmten die Volkswohnbauten der Gemeinde das architektonische Geschehen in Wien. Die Stadtverwaltung hatte sich für die urbane Grundstücksverbauung und damit gegen eine expandierende Zersiedelung in den Außenbezirken und gegen die Gartenstadt entschieden. Der Nach-

1921–1923
Knappensiedlung Hüttenberg

1924–1925
Volkswohnungen der Gemeinde Wien
Wien 14, Philipsgasse

druck lag auf dem kollektiven Moment des Wohnens; Wohnungen, gemeinschaftliche Einrichtungen, Freizeit- und Arbeitsräume wurden um Höfe angeordnet. Manfredo Tafuri spricht von einem „Sozialistischen Realismus". Der Stadt sollte eine neue Identität gegeben werden, sie sollte zum „Heim der bewußten und von den Werten der Brüderlichkeit getragenen Arbeiterklasse werden". Der Bau in der Philipsgasse kann gleichsam als Symbol dieser Bewegung gesehen werden. Ein Flechtwerk von Kreisen und Kreisbögen ist als Relief auf die Fassade gesetzt. Es umgreift die Fenster, verbindet Sockel- und Dachzone und tritt zur Statue eines Arbeiters in Beziehung, die über der profilierten Eingangsnische steht.[5] Es sind Motive der Gleichheit, des Bündnisses und der Brüderlichkeit.

Die Gemeindebauten von Theiss & Jaksch sind im Gegensatz zu den wehrhaften und kämpferisch monumentalen von Gessner, Ehn, Perco und zum Teil auch Behrens versöhnlicher und bürgerlich. Sie zeichnen sich durch Reduzierung des Maßstabes und sorgfältige Gliederung aus. Dabei wird diese Gliederung weniger in den großen Baumassen erreicht als vielmehr in den Details wie Sockel, Erker, Gebäudekanten und Giebel und durch die dekorative Behandlung von Oberflächen. Expressionistische Formen setzen sich ähnlich wie bei Krauss & Tölk, Schmid & Aichinger und Hoppe, Schönthal & Matuschek gegenüber volkstümlich-romantischen durch. Auch bei den anderen Projekten dieser Periode wird das Bemühen um expressive Einfachheit sichtbar. Sie folgen damit der gemäßigten Moderne Deutschlands. Die Zeichnungen von Theiss haben sich ebenso geändert, es sind kräftige Zeichnungen in Kohle, Rohrfeder oder weichem Bleistift.

1930
Haus Koffmahn Wien 13, Mühlbachergasse

Etwa 1927 wendeten sich Theiss & Jaksch einer rationalistischen Formensprache zu. Wesentliche Charakteristika: klare, kubische oder leicht geschwungene, helle Baukörper, geschlossene Flächen, zum Teil großzügige Verglasungen sowie keinerlei Verzierungen; die Symmetrie verliert an Bedeutung.

Diese Entwicklung wurde wohl auch durch eine Reihe von Reisen beeinflußt. Theiss lernte dabei die Arbeit der Brünner Funktionalisten ebenso wie die neue Architektur in Holland kennen. Er besuchte das Neue Frankfurt und die Großsiedlungen in Berlin. Auch das Erlebnis des schwedischen Klassizismus in den Bauten von Asplund und Tengbom scheint einen Einfluß gehabt zu haben. 1928 schrieb Theiss: „Wenn man das unsichere Herumtappen um die Jahrhundertwende mit den Leistungen der Gegenwart vergleicht, so kann man schon mehr von einer ausgleichenden Formensprache, von einer abgeklärteren Baugesinnung sprechen. Die guten Baumassen, die große kubische Massenwirkung und nicht ornamentale Einzelheiten werden einer sorgfältigen Überlegung zugeführt. Die auf Sparsamkeit eingestellte Zeit geht hauptsächlich aufs Zweckmäßige aus. Wir haben ähnliche Erscheinungen wie vor hundert Jahren, ein Kornhäusl hätte seine größte Freude mit uns. Wie zu jeder Zeit und auf jedem Gebiet wird gerne mit Schlagworten geworfen, die ‚Kiste' wird als Trumpf gebracht; statt sich an aufrichtiger Baustofflichkeit zu erfreuen, wird dem aufgeklebten Ornament nachgeweint. Der Architekt von heute baut von innen nach außen, er baut nicht etwa wie in der zweiten Hälfte des vorigen Jahrhunderts Fassaden, hinter denen sich ein Grundriß abspielt."[6]

Losgelöst von regionalen und historischen Stilen streben Theiss & Jaksch danach, ihre Gebäude objektiv, auf einer sachlichen Basis und ohne Pathos aufzufassen. Die Form ist das Ergebnis einer funktions- und materialgerechten Gestaltung. Die Fassaden sind glatt und ornamentlos, die Dächer flach und oft als Terrassen genutzt. Licht, Luft und Sonne sind die Hauptkriterien.

1930–1932
Hochhaus Wien 1, Herrengasse

Für Roland Rainer war Siegfried Theiss in diesen Jahren das Symbol der Moderne an der Technischen Hochschule. Das Hochhaus in der Herrengasse, die Burgenländische Kammer für Arbeiter und Angestellte, die Einfamilienhäuser und besonders die Schule in der Wenzgasse sind charakteristisch für die Wiener Prägung des Internationalen Stils, der „Neuen Sachlichkeit". Diese Bauten betonen weniger das rein Konstruktive und sind zurückhaltender als die radikalen Projekte von Ernst Plischke, es ist eine „gemäßigte Moderne".

Das Hochhaus wurde zu einem – zumindest persönlichen – Höhepunkt der Arbeit von Theiss & Jaksch. Sie gewannen damit den Wettlauf um das erste Hochhaus in Wien. Damals galt der Wolkenkratzer als Symbol des Fortschrittes und als Zeichen der Beherrschung der Technik.

Bereits 1924 plante Hubert Gessner für die Gemeinde Wien im „Reumannhof" am Margaretengürtel einen zwölfgeschossigen Wohnturm. Nach öffentlichen Widerständen mußte die Höhe auf acht Geschosse reduziert werden. In den folgenden Jahren änderte sich die Einstellung zu „Hochbauten nach amerikanischem Muster". 1927 stellte Alfred Schmid ein Skizzenprojekt für ein 26-geschossiges Bürohochhaus an Stelle der Roßauerkaserne vor. Die Baugesellschaft Porr plante ein Hochhaus auf den Freihausgründen. 1929 gewann Rudolf Frass den geladenen Wettbewerb für eine Wohnhausanlage der Gemeinde Wien auf den Versorgungshausgründen im neunten Bezirk mit dem Entwurf eines 16 Stockwerke hohen Wolkenkratzers. Ende 1930 war das Projekt baureif. Durch einen neuen Finanzausgleich wurden der Gemeinde Wien aber große Budgetmittel entzogen, und es kam zur Einstellung der Arbeiten.

1930–1932
Schule Wien 13, Wenzgasse

Realisiert wurde stattdessen vom Creditinstitut für öffentliche Unternehmungen und Arbeiten das Hochhaus in der Herrengasse. Ermöglicht wurde dies durch die Gewährung unüblich guter Kreditbedingungen durch den Bund. Das Hochhaus wurde zum Prestigeobjekt der christlich-sozialen Bundesregierung und zur Antithese des kommunalen Wohnbauprogrammes der Wiener Sozialdemokraten, die zu dieser Zeit zwar schon mehr als 50.000 Wohnungen in den großen Wohnanlagen und Siedlungen, aber eben noch keinen „Wolkenkratzer" als Zeichen ihrer Macht errichtet hatten.

Das Projekt wird rasch abgewickelt. Der Planungsauftrag erfolgt im Mai 1930. Baubeginn ist bereits im April 1931 und nach einer Rekordbauzeit von nur 18 Monaten erfolgt am 17. November 1932 die feierliche Einweihung durch Bundespräsident Miklas.

Schon während der Planung wird das Gebäude in den Medien heftig diskutiert. Es werden wirtschaftliche Argumente ins Treffen geführt. Hochhäuser würden die Grundstückspreise in die Höhe treiben. Niemand würde sich die hohen Wohnungsmieten leisten können, die unvermietbaren Wohnungen müßten als Büros verwendet werden, und es wird vermutet, daß sich der Bauträger somit öffentliche Förderungen für ein nicht widmungsgemäßes Bauvorhaben erschleichen wollte.

Josef Frank sieht keinen Bedarf für ein Hochhaus in Wien. Besonders wendet er sich gegen den Standort in der Herrengasse und meint, daß damit das Profil der Herrengasse, die eine der schönsten Gassen Wiens ist, völlig zerfetzt würde. Auch die Ecklösung bezeichnet er als unglücklich.[7] Und Oskar Strnad findet, daß, wenn man schon Hochhäuser in Wien errichten will, diese richtige Wolkenkratzer sein müßten, die mit etwa 200 Metern Höhe den Stephansturm deutlich überragen sollten.[8]

Es gibt auch eine Reihe von positiven Stellungnahmen. So schreibt unter anderen Rudolf Eisler, daß „überhöhte Baukörper zur Belebung des Stadtbildes sehr viel beitragen" und findet, daß Hochhäuser „mitten in das Getriebe der Stadt und nicht an die Peripherie zu stellen sind, denn an die Peripherie gehören die Gärten mit den Einfamilienhäusern und Sportplätze".[9]

Das Hochhaus in der Herrengasse ist ein Stück Großstadtarchitektur. Es zeigt eine gute Einbindung in das historische Stadtbild, die Fassaden über einer durchlaufenden, zweigeschossigen Geschäftszone sind zurückhaltend. Wirklich modern und großzügig sind das durchgehend verglaste, abgerundete Hauptstiegenhaus im Hof und das auf die abgetreppten Terrassengeschosse aufgesetzte „Glashaus". Otto Kapfinger verglich diesen Gebäudeabschluß mit den New Yorker Hochhausspitzen und schrieb zu der Ambivalenz des Baues: „Man hat diesen Verschnitt aus Tradition und Moderne, aus Einfügung und Kontrast, wie er für viele Beispiele der Zwischenkriegsarchitektur so typisch ist, immer wieder als österreichische Halbherzigkeit kritisiert. Es stellt sich aber ebenso immer wieder von neuem heraus, daß gerade im Skeptizismus eine sehr menschliche Kreativität möglich ist, und daß in der Architektur auf lange Sicht das radikal-vereinfachende Puristische dem mehrdeutig-widersprüchlich Ausbalancierten unterlegen ist."[10]

Die Fertigstellung des Hochhauses fiel zusammen mit dem 50. Geburtstag von Siegfried Theiss und der „Silberhochzeit", der 25-jährigen Zusammenarbeit der beiden Architekten. Es war Endpunkt einer Entwicklung und gleichzeitig eine deutliche Zäsur im Werk von Theiss & Jaksch. In den ersten 25 Jahren war mit kurzen Einbrüchen ständig ein hoher Auftragsstand gegeben, die künstlerische Entwicklung verlief kontinuierlich, die Arbeit wurde akzeptiert und anerkannt.

Nach 1932 gerieten Theiss & Jaksch in finanzielle Schwierigkeiten. Das Hochhaus war geschäftlich kein Erfolg. Durch mangelnde Kalkulation fehlte das Geld für fällige Steuern. Auf Grund der allgemeinen wirtschaftlichen Lage blieben die Aufträge fast zur Gänze aus. Bis auf Geschäftsumbauten für die Wiener Molkerei und kleinere Einrichtungsarbeiten gab es kaum Arbeit. Fast alle Mitarbeiter mußten entlassen werden.

1933 gewinnen sie den Wettbewerb für die Wiener Reichsbrücke in beeindruckender Manier. Sie reichen vier Projekte ein und erhalten die vier ersten Preise. Für die Ausführung wird ihnen aber dann Clemens Holzmeister als „zusätzlicher baukünstlerischer Berater" zur Seite gestellt, wodurch sich das Honorar halbierte.

Durch die Nationalsozialisten wurde die Moderne in Deutschland unterbrochen, in Österreich war die Entwicklung vergleichbar. Julius Posener und Friedrich Achleitner zeigen allerdings, daß dieser Bruch nicht wirklich abrupt war. Das Bauhaus und das Neue Bauen stellten in den zwanziger Jahren die Ausnahme dar, die Gemäßigt-Modernen und die Bürgerlich-Konservativen waren die Regel. Bereits 1927 wurden als Reaktion auf die architektonische Avantgarde romantisch-nationalistische Gegensiedlungen zur Gewerkschaftssiedlung „Onkel

Tom's Hütte" in Berlin und zur Weißenhofsiedlung in Stuttgart errichtet.
Mit der Machtergreifung Hitlers gelangten die der Tradition verbundenen
Architekten wie Kreis, Schultze-Naumburg und Schmitthenner in führende
Positionen und bestimmten die Richtung. Das neue Regime verlangte auf der
einen Seite gigantische Projekte, welche die Größe des Reiches demonstrieren
sollten, auf der anderen Seite wurde ein erdverbundener Regional- und Heimatstil, wie er schon immer von den Heimatschützern gefordert worden war, propagiert. Der Internationale Stil des Neuen Bauens wurde durch eine „deutsche" Architektur, die sich an mittelalterlichen und germanischen Vorbildern orientierte, ersetzt.

Für Theiss & Jaksch sind diese Jahre von Hoffnungen und Enttäuschungen gekennzeichnet. Sie zweifeln an der Richtigkeit ihrer Arbeit. Die Unsicherheit wird zum Beispiel an der Villa Sareidaris augenscheinlich. Der erste Entwurf ist ein klassizistisches, tempelartiges Gebäude mit Atrium. Im zweiten, ausgeführten Entwurf entsteht dann mit Rücksicht auf Tradition und Klima ein moderner, strahlend weißer Kubus. Sie verlassen die klare Richtung und wenden sich wieder dem Traditionalismus zu. Das evangelische Gemeinde- und Bethaus in der Schweglerstraße zeigt dies deutlich in seiner zurückhaltenden Bescheidenheit. Die turmlose Anlage sticht kaum aus den umgebenden Wohnhäusern hervor. Dem Bau liegt eine antimonumentale Auffassung vom Stellenwert eines kirchliches Zentrums in der Großstadt zugrunde, es ist eine „in sich gekehrte Gottessiedlung" ähnlich der Kanzler-Gedächtniskirche von Clemens Holzmeister. Das Innere, besonders Empore und Holzdecke, nimmt wieder Elemente der Volkskunst auf und schließt damit an frühe Kirchen an.

An den verschiedenen Wettbewerben für Denkmäler und die Weltausstellungen in Brüssel und Paris beteiligen sie sich mit wechselndem Erfolg. Zu Aufträgen kommt es nicht. Ab 1933 arbeitete Werner, der Sohn von Siegfried Theiss, im Atelier, 1938 tritt er offiziell als Partner ein. Die sich ändernde Architekturauffassung dürfte mit seinem wachsenden Einfluß auf die Entwurfsarbeit zusammenhängen.

Theiss, Jaksch & Theiss erwarteten sich vom Anschluß an das Deutsche Reich einen großen wirtschaftlichen Aufschwung und die Lösung zahlreicher Probleme. Hans Jaksch und Werner Theiss waren schon früher der NSDAP beigetreten. Siegfried Theiss stellte sich wiederholt gegen jeden parteipolitischen Einfluß auf die Architektur. Dann trat er aber, wohl im Hinblick auf das Atelier, seine Professur an der Technischen Hochschule und seine Familie, auch der NSDAP bei.

1947
Palmers Wien 1, Kärntner Straße

Die Auftragslage verbesserte sich fast schlagartig. Es werden eine Reihe von Molkereien und Schlachthöfen, Mutter-Kind-Heime, eine Kaserne in Villach, Wohnhausanlagen, Verwaltungsbauten etc. geplant und zum Teil ausgeführt. Diese Projekte und besonders die großen städtebaulichen Entwürfe für Berlin, Pressburg und Prag entsprechen voll der Architektur des Nationalsozialismus, der je nach Bauaufgabe die „passende Architekturform" wählte. Repräsentationsbauten waren pompös-klassizistisch, Wohnbauten regionalistisch, Industriebauten modern. Fabriken konnten so gebaut werden und aussehen wie Industriebauten in den zwanziger Jahren. Hier akzeptierten die Nationalsozialisten Zweckmäßigkeit und Nüchternheit. Die Industriebauten von Theiss, Jaksch & Theiss sind aber nicht modern, sondern folgen einem konservativen, bodenständigen Heimatstil. Nirgends fehlt das „deutsche Dach". Theiss, Jaksch & Theiss werden akzeptiert, und es kommt, wenn auch nur für kurze Zeit, zum wirtschaftlichen Aufschwung.

In den letzten Kriegstagen, im April 1945, fiel Werner Theiss.

Auf Grund der Parteimitgliedschaft dauerte es nach dem Krieg einige Jahre bis sich Theiss & Jaksch wieder an öffentlichen Projekten beteiligen durften. Ihre Arbeiten nach 1945 wurzeln in der Architektur der nationalsozialistischen Zeit, gleichzeitig versuchen sie, an ihre fortschrittlichen Bauten der frühen dreißiger Jahre anzuknüpfen. Bei den Geschäftslokalen, besonders den Palmers-Filialen, werden Gedanken der WIMO-Filialen aufgenommen, die Schule in der Schäffergasse schließt an die in der Wenzgasse an, bei dem Wohnhaus in der Gerlgasse werden Elemente des Hochhauses verarbeitet.

Durch den Einstieg von Walter Jaksch in das Atelier im Jahr 1954 finden sich neue Ansätze. Er bestimmt in den folgenden Jahren immer mehr die Arbeit und 1961 ziehen sich die beiden alten Herren zurück.

1950
Wohnhaus Wien 3, Gerlgasse

Siegfried Theiss und Hans Jaksch arbeiteten mehr als fünfzig Jahre zusammen. Bis zum Zweiten Weltkrieg waren sie mit kurzen Unterbrechungen recht gut beschäftigt. Ein Grund dafür war vielleicht auch ihre Vielseitigkeit, ihr Werk reicht vom Möbelentwurf bis zum städtebaulichen Projekt. Obwohl sie ein verhältnismäßig großes Büro hatten, zeigen die Arbeiten persönliche Handschrift und kontinuierliche Entwicklung. Sie waren keine Pioniere und Wegbereiter der modernen Architektur, aber auch keine Nachläufer. Ihre Bauten haben gute Proportionen, sind materialgerecht und handwerklich richtig und mit großer Sorgfalt sowie viel Einfühlungsvermögen für die Umgebung entworfen. Theiss & Jaksch verstanden es, auf hohem Qualitätsniveau zu bauen.

Georg Schwalm-Theiss

Quellen:

1 Herrmann Sörgel, „Theorie der Baukunst, Architektur – Aesthetik", Piloty & Loehle, München 1918
2 Fritz Schuhmacher, „Strömungen in Deutscher Baukunst seit 1800", Verlag E. A. Seemann, Leipzig 1935
3 Joachim Petsch, „Der Deutsche Werkbund 1907 bis 1933 und die lebens- und kulturreformerischen Bewegungen", in: Lucius Burckhardt (Hrsg.), „Der Werkbund in Deutschland, Österreich und der Schweiz", Deutsche Verlags-Anstalt, Stuttgart 1978
4 Siegfried Theiß, „Theiß & Jaksch – Einige Arbeiten", M. Mahlmann & Co. Verlagsanstalt, Berlin – Wien 1917
5 Manfredo Tafuri, „Vienna Rossa", Editoriale Electa, Milano 1980
6 Siegfried Theiß, „Die Baukunst und die Architektur in der Republik", in: „10 Jahre Wiederaufbau. Die staatliche, kulturelle und wirtschaftliche Entwicklung der Republik Österreich 1918–1928", Wien 1928
7 Josef Frank, „Das Profil der Herrengasse", in: „Wiener Allgemeine Zeitung", Wien, 20.2.1931
8 Oskar Strnad in: „Der Tag", Wien, 22.2.1931
9 Rudolf Eisler in: „Neues Wiener Tagblatt", Wien, 3.10.1930
10 Otto Kapfinger, „Vom Neobarock zur Neuen Sachlichkeit", in: „Die Presse", Wien, 4.12.1982

Rückblick auf die ersten 75 Jahre

1978–1983
Bundesamt für Eich- und Vermessungswesen Wien 2, Schiffamtsgasse

1964–1970
Büro- und Geschäftshaus Wien 7, Mariahilfer Straße (mit Georg Lippert)

1977–1978
Büro- und Betriebsgebäude Canada Wien 23, Doerenkampgasse

1959–1964
Hotel Intercontinental Wien 3, Johannesgasse (mit Carl Appel)

1962–1964
Schule Wiener Neustadt

1958–1964
Wohnhausanlage Wien 10, Eisenstadtplatz

1957
Nordstern Haus Wien 1, Uraniastraße

1949–1951
Schule Wien 4, Schäffergasse

1946–1951
Ventilwerke Hoerbiger Wien 11, Braunhubergasse

1944
Neue Stadtmitte Prag, Entwurf

1943
Regierungsviertel Pressburg, Wettbewerb

1941
Verteilerkreis Reichsautobahn Wien 23, Triesterstraße, Wettbewerb

1939
Grünfuttertrocknungsanlage Gröbming

1933–1937
Reichsbrücke Wien 2

1935–1937
Evangelisches Gemeinde- und Bethaus Wien 15, Schweglerstraße

1937
Evangelische Kirche Wien 3, Sebastianplatz, Wettbewerb

1936
Ausgestaltung des Dollfuss Platzes Wien 1, Wettbewerb

1934
Villa Sareidaris Athen

1933
Wiener Molkerei Wien 3, Ungargasse

1930–1932
Burgenländische Kammer für Arbeiter und Angestellte Eisenstadt

1931
Tabakfabrik Hainburg, Entwurf

1929
Haus Urwalek Wien 13, Neblingergasse

1930
Wohnhausanlage Cumberlandgründe Wien 14, Entwurf

1929
Versorgungshausgründe Wien 9, Währinger Straße, Wettbewerb

1930
Haus Weniger Wien 13, Veitlissengasse

1928
Wohnhausanlage der Gemeinde Wien
Wien 12, Gaudenzhofer Gürtel, Wettbewerb

1928
Wohnhausanlage der Gemeinde Wien
Wien 10, Eisenstadtplatz, Wettbewerb

1928
Bade- und Kurmittelhaus Franzensbad, Wettbewerb

1927
Altersheim Ebreichsdorf

1925
Bebauung Rheinufer Köln, Wettbewerb

1925
Kuranlagen Bad Schallerbach, Wettbewerb

1924–1926
Evangelische Kirche Grünau

1924–1926
Evangelische Kirche Oberufer/Pressburg

1924–1927
Sandleiten-Hof Wien 16, Sandleitengasse

1923–1926
Quarin-Hof Wien 10, Quarinplatz

1921
Arbeitersiedlung Klein St. Paul

1920
Drahtziehergebäude Coburgwerke Tyrnau

1914–1917
Fliegerkaserne Wiener Neustadt

1912–1926
Evangelische Kirche Wien 2, Am Tabor

1912–1913
Evangelische Kirche Traiskirchen

1912
Wohnhaus Wien 8, Albertgasse

1912
Offiziers-Wohngebäude Melk

1911–1912
Volksbühne Wien 7, Neubaugasse

1908–1911
Evangelische Kirche Wiener Neustadt

1909
Artilleriekaserne Wiener Neustadt

Georg Schwalm-Theiss

1943 geboren in Wien
Architekturstudium an der
Technischen Universität, Wien
1967 Diplom
12 Monate Mitarbeit bei Alvar
Aalto in Helsinki, Finnland
1968-70 Teaching Assistant und
Post Graduate Studium an der
University of Washington in Seattle,
USA, anschließend Forschungsarbeit an der University of Kyoto,
Japan, Graduierung zum Master
of Architecture
1970-74 Assistent am Institut für
Hochbau und Entwerfen I der
Technischen Universität, Wien
1976 Arbeitsgemeinschaft mit
Walter Jaksch (bis 1982),
Theophil Melicher (bis 1995)
und Horst Gressenbauer
1985 Promotion zum Dr. techn.
("Theiss & Jaksch, Architekten
1907–1961")

Horst Gressenbauer

1940 geboren in Hinterstoder,
Oberösterreich
Maurer- und Zimmermannslehre
mit Gesellenprüfung, Gewerbeschule
1962 Eintritt in das Architekturbüro Walter Jaksch
1965 Baumeisterprüfung
Vorwiegend in Projekt-Management und Bauaufsicht bei Wohnhausanlagen, Schulen sowie der
Veterinärmedizinischen Universität Wien tätig.

Theophil Melicher	geb.1936
Walter Jaksch	1912 – 1998
Werner Theiss	1909 – 1945
Siegfried Theiss	1882 – 1963
Hans Jaksch	1879 – 1970

MitarbeiterInnen

Dipl.Ing. Heinz Geza Ambrozy 1988 bis 1991
Wolfgang Barth 1989 bis 1992
Ing. Manfred Berger seit 1991
Dipl.Ing. Alfons Bresich seit 1987
Mag.arch. Helena Bukovanska seit 1986
Ing. Manfred Dunkl 1994 bis 1997
Mag.arch. Werner Fürtner seit 1983
Mag.arch. Georg Gressenbauer seit 1993
Mag. Margret Gressenbauer 1982 bis 1986
Ing. Konrad Gruber seit 1991
Dipl.Ing. Hermann Hochfellner seit 1976
Dipl.Ing. Goran Jakovljevic seit 1991
Dipl.Ing. Dr. Ezel Kendik 1992 bis 1997
Dipl.Ing. Josef Klener 1972 bis 1996
Ing. Othmar Lechner 1995 bis 1997
Dipl.Ing. Jacek Lewicki 1985 bis 1988
Dipl.Ing. Marija Ljubicic 1991 bis 1996
Dipl.Ing. Andrea Mahringer 1988 bis 1996
Michaela Markus 1989 bis 1995
Dipl.Ing. Amir Medic seit 1992
Dipl.Ing. Christa Melicher 1982 bis 1994
Dipl.Ing. Navid Moradi 1994 bis 1996
Dipl.Ing. Anton Müller 1976 bis 1987
Dipl.Ing. Christian Münster seit 1998
Johanna Neff 1991 bis 1997
Ing. Rüdiger Niebann 1981 bis 1995
Dipl.Ing. Houshang Nourbakhsh 1990 bis 1997
Dipl.Ing. Franz Pleterski 1984 bis 1994
Brigitte Putzlager 1988 bis 1997
Gabriele Resetarits seit 1994
Mario Rosner seit 1990
Ing. Hans Schildknecht seit 1972
Dipl.Ing. Manfred Schneider 1987 bis 1997
Dipl.Ing. Herbert Seper 1994 bis 1996
Ing. Arnulf Smolle 1994 bis 1997
Dipl.Ing. Majda Snajdrova 1990 bis 1992
Hannes Tonn seit 1989
Ing. Dieter Werner 1993 bis 1996
Maria Wolak seit 1983

Fotonachweis

Mischa Erben: Seite 27, 29, 30, 33, 34, 35, 36, 37, 39, 40, 41, 43, 44, 45, 47, 48, 49, 50, 51, 56, 63

Werner Fürtner: Seite 57

Rob Kiermayer: Seite 53

Klaus Oberndorfer: Seite 65

Klomfar & Sengmüller: Seite 22, 23, 24, 25, 28, 30, 31, 45, 77, 79, 80

Foto M. Schiessl: Seite 78, 84

Schwingenschlögl: Seite 66, 67, 69, 70, 71, 83, 85, 86, 87, 88, 89, 90, 91, 92, 93, 94, 95

Manfred Seidl: Seite 55, 57, 58, 59, 60, 61, 63, 72, 73, 75, 76, 77, 80, 81, 82

Walden: Seite 67

Historische Aufnahmen: Archiv Schwalm-Theiss & Gressenbauer